心可以比宇宙更大

张锦江　主　编

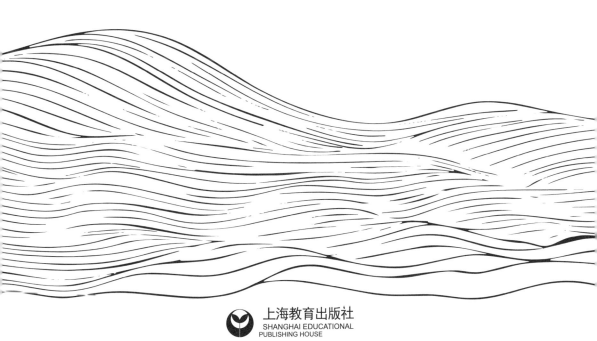

上海教育出版社
SHANGHAI EDUCATIONAL
PUBLISHING HOUSE

科学总顾问

樊春海

一株苹果树

（代序）

　　这是初夏里的一天，我在一块气派而典雅的草坪上见到了一株苹果树。倘若你不去注意树前木牌上的解读，那就是一株平常的树，假设在旷野之中，它会孤独、寂寞、无声地活着，与所有在原始森林里的树一样，谁也不会特意关注它。然而，这是在上海名声显赫的科学会堂的草坪上，洁白的木栅栏围护着这棵小树，一块蓝色的铭牌上写着：牛顿苹果树，2024 年 3 月 25 日，落户上海科学会堂。

　　我曾在英国剑桥大学，从国王大道至三一街，见过三一学院的大门，墙面和窗沿都已斑驳，呈苍老的土灰色，那里有一棵低矮的苹果树，枝叶翠翠的，主干与分枝并不粗壮，但，这树是"牛顿苹果树"。一枚落下的苹果砸到了牛顿，使他有了惊世的领悟。是否真有苹果砸在牛顿的头上，这并不重要，但"牛顿苹果树"已成为科学史上的一个传奇。当年我见到的"牛顿苹果树"并不是原株，原株在牛顿的家乡英国伍尔斯索普庄园，已有差不多四百年树龄。在三一学院所见的苹果树是从原株嫁接移植而来。

　　"牛顿苹果树"来到上海，始于 2014 年以杨福家院士为代表的中国科学家们发起的倡议。十年之后，"牛顿苹果树"嫁接成功，落户上海科学会堂，并拥有双重身份验证，一份是英国信托基金会给予的"出生证"，一份是中国国家林业和草原局颁发的"身份证"。

有幸在上海科学会堂重见"牛顿苹果树"，是一份幸福，我的眼前是一片光亮，我的眼前是一派豪迈，我的眼前是一株巨树。满坪的绿草摇曳着，葱茏的香樟树在沙沙作响，仿佛一种亲切而热情的中国式的问候："牛顿苹果树，中国欢迎您！"是呀，科学没有国界，科学精神没有国界，科学传承没有国界，科学友谊是永存的！

这个值得纪念的时刻到来了。我们一群人欣喜地围拢在"牛顿苹果树"四周，我们是一群编撰"院士少年成长书系"的编者与作者，为少年儿童传递科学精神而汇聚在一起，我们对"牛顿苹果树"落户上海科学会堂的意义自然明白，我们在"牛顿苹果树"前留下了难忘的合影。

科学需要有童心，有幻想，然后把童心的幻想变为真正的现实。当我站在上海科学会堂爱因斯坦的相片前，我想起爱因斯坦年老之后还保有童心，夜晚看天上的星星，幻想星空世界。当我站在上海科学会堂的院士墙下，我满目是星光，这灿烂的光焰中，有多少童年的幻想，变成了今天令人赞叹的成就。我们编创人员以此为构想，去规划着、去努力着、去实现着。在这当中，我多次与这套书系的科学总顾问樊春海院士会面，在他那朴实而简洁的办公室中，我向他介绍了"院士少年成长书系"的构想，我说："这套书计划出版若干辑，用报告文学的形式，形象、生动、真实地再现院士少年时代的日常生活和理想的萌发，展示院士少年时代的优秀品格和闪光的理想轨迹，给少年儿童以尊崇科学、热爱科学的教育和启示。这是一份社会责任，也是给未来种上一颗科学的种子，这与'牛顿苹果树'落户科学会堂具有同等意义！"这位年纪不大而精力充沛的院士，清秀的脸颊容光焕发，他对这套书寄予热切的期望，他兴致高昂地说："这是一件很有意义的事，我全力支持，需要我做什么，我尽力去做。"他随即推荐了一些院士，介绍这些院士的杰出成就。他还郑重其事地说："科学与文学的交流与融合很有意义。"

科学需要幻想。我们的幻想点燃了！

编创者们怀着激励少年儿童的使命，怀着对科学家们的敬意，极其认真、一丝不苟地投入工作。接受采访的院士们全力配合，严谨的科学风范让人叹服。其情其景，其形其义，似琴瑟和鸣。

现在，我们完成了第一辑和第二辑，后续还将会有第三辑……我们将一辑一辑编写下去。

在我们这群人即将离开草坪上的"牛顿苹果树"时，惊奇地发现苹果树上的花苞绽放了，花色粉白中带一抹浅红，娇柔迷人。

初夏的花，开得真美呀！

我蘸一滴"牛顿苹果树"的花色，写下这篇序。

华东师范大学教授、作家、文学评论家

目　录

叶叔华 院士

星空中，

有一颗以她名字命名的小行星

叶叔华，中国科学院院士，天文学家。她长期从事天体测量和天文地球动力学研究。她负责建立和发展了中国世界时系统，倡导将甚长基线干涉测量（VLBI）技术应用于探月卫星测轨以及其他深空探测项目。

心可以比宇宙更大

陈 苏

2021 年 11 月初，在上海第四届世界顶尖科学家"她"论坛上，一位精神矍铄的老奶奶走上了演讲台。她个子不高，衣着朴素，初看和邻家的奶奶没什么两样。

"大家能猜到我的年龄吗？今年我已经 95 岁了。"当她用风趣的口吻、流利的英文开始演讲时，台下响起一片热烈的掌声。听众们对她——中国第一位女性天文台台长、被誉为"北京时间之母"的著名天文学家叶叔华院士充满了敬意。

"如果你想得到什么，你必须为之奋斗。只要我们努力做到更好，女性的地位会越来越高。"叶叔华院士笑意盈盈的眼神中，闪烁着坚定的光芒。论坛结束后，"95 后"女院士鼓励女性打破"玻璃天花板"的话题登上了热搜，视频成为点击率极高的网络"爆款"。这位"奶奶级"的科学大咖圈粉无数，网友们留言"这才是我们应该追的偶像"。

从一个小女孩成长为杰出的科学家，叶叔华走过了将近一个世纪的漫漫岁月。她见证了我国天文事业从新中国成立之初的一穷二白到如今的国际领先，她以前瞻的眼光、非凡的胆识和执着的精神，推动了我国深空探测技术的发展以及天文地球动力学研究。"我要想做一件事情，是会奋不顾身的。"叶叔华院士的话很质朴，却蕴藉着一种力量。正是这"奋不顾身"的力量，成就了她传奇的天文人生。

（一）

近百年前的广州。

阳光透过墙面上那扇巨大的五彩玫瑰窗洒进光孝堂。斑驳的光影中，小女孩叶叔华在静静地看书。

她看得入了神，心里在编织着故事。

其实，并没有人教过她识字。不知从什么时候开始，她发现了一个秘密：根据书上的图画，可以猜出字的意思。于是，她找来一本又一本"看图识字"书，翻来覆去地看，小小的心灵珍藏了一个个有趣的故事。

父亲那个小书柜，是叶叔华最喜欢的宝藏。《三国演义》《西游记》《东周列国志》……中国古典文学太迷人了。

她不在乎穿哥哥姐姐的旧衣服，只要捧着一本书就很开心。阅读为她打开了一个神奇的世界，在书本中她上天入地，穿越古今。

父亲看着这一幕，露出慈爱的笑容。

他是一位牧师。平日他在教堂里工作，家人们就住在教堂顶楼。家里有六个孩子，出生在 1927 年初夏的叶叔华，排行第三。父亲按照中国传统伯仲叔季的顺序，为她取的名。尽管家境清贫，但父亲很开明，给予了孩子们平等的受教育机会。从小天资聪颖的三女儿，深得他的疼爱。

叶叔华 7 岁那年，全家回顺德老家为爷爷祝寿。寿宴上来了很多亲朋好友，叶叔华一点也不怯场，为大家讲起了三国故事，讲得眉飞色舞，有声有色，赢得来宾们满堂喝彩，爷爷更是乐得合不拢嘴，夸赞这个女孩将来一定有出息。

跟着父母移居香港后，因为哥哥姐姐还留在广州念书，9 岁的叶叔华俨然成了家中的老大。她小小年纪就很懂事，放学回家帮着妈妈记账、算账，还要照顾三个弟弟。

弟弟们很调皮，叶叔华自有对付小家伙的"法宝"："别闹，我给你们讲个故事吧。"小家伙们立刻像被施了魔法似的，乖乖坐定，目不转睛地盯着姐姐。

晚上的家庭故事会，就成了固定节目，还吸引了左邻右舍的孩子们，也练就了叶叔华的好口才。

喜欢看书、爱讲故事的孩子学习一般不会差。学校课本的内容，叶叔华轻轻松松就学会了。她的作文总是第一名，被老师作为范文贴在教室后面的墙上。

这个故事讲得好、作文写得好的小女孩，当时不会想到，将来有一天自己会走上国际会议的讲台，侃侃而谈，出口成章。中国传统文化给予了她最初的文学滋养，以及真善美的熏陶，并成为她日后人生旅途中重要抉择时的准则。

在德贞女中读完初一，升初二时，叶叔华向校长提出了一个大胆的申请：跳过初二直接升初三。校长颇有些意外，眼前这个女孩个子小小，主意倒很大。原来，学校里有两个从广州转来的同学，比叶叔华高一个年级，学习很厉害，她一心想和她们在一个班级念书。叶叔华那双大眼睛里超乎年龄的坚定，打动了校长。更令人意想不到的是，一学年下来，考试中取得第一名的竟然是跳级生叶叔华！

香港的全英文教学为她打下坚实的英文基础，她在日后的研究工作中不仅能熟练地查阅英文资料，还能用流利的英文发表演讲。她成为首位在国际天文学联合会担任副主席职位的中国科学家，并在世界天文学界广交朋友，被国际同行亲切地称为"Madam Ye"。

（二）

1941年12月，太平洋战争爆发，香港沦陷。

叶叔华才读了三个月高中，就不得不辍学了。在培道女中快乐而短暂的高中生活中，她加入了学校合唱团，迷上了美妙的音乐。

一路逃难，叶叔华跟随亲友辗转来到广东北部的乐昌县（今广东省乐昌市），考上国立华侨第三中学，重新入读高一。学校没有像样的教室，就在竹子搭建的房子里上课，宿舍是茅草顶盖的大棚。大家并不觉得苦，很珍惜来之不易的学习机会。随着战火的蔓延，叶叔华随父母再次迁徙，在一所联合中学读完了高中。

学校有位出色的音乐教师，教唱的中外名曲至今萦绕在叶叔华耳边，并引领她进入古典音乐的瑰丽世界。音乐伴随她度过艰难岁月，成为她一生的挚爱，也成为多年以后她和国际友人交往的桥梁。

回首往事，叶叔华的肺腑之言格外动人："我们经历过战争，逃过难……希望年轻一代能够理解到，科学是没有国界的，但是科学家是有国界的。"

终于，抗战胜利的喜讯传来，广东的大街小巷洋溢着欢乐的气氛。

叶叔华兴冲冲地回到家："爸爸，听说中山大学在招生，我想报考古典文学专业！"

"你一个女孩子，还是学医或者自然科学吧。将来找工作容易些，对社会贡献也大。"父亲关切地看着女儿。

"学医我不喜欢，而且我就想干些不一样的。爸爸你知道，我从小喜欢文学。我想学《易经》，中国的古典文学多美妙啊！"

"你从小就有主见，以前你做什么决定我都支持。这次事关你的前途，要是学了文学，以后恐怕会沦落到连饭都吃不上的地步！"父亲的神情变得严肃。

从小到大，叶叔华还是头一次看到父亲这么坚持。

其实，她理解父亲的一片苦心。

经历了战争和动荡，父亲格外希望女儿有一个安定的生活。父女俩相持不下，报考志愿书几经修改，最后达成妥协，折中选择了中山大学数学天文系。

临近考试，大家都在积极备考，只有叶叔华若无其事，父亲急得催着她复习。考试结束了，却迟迟没有发榜。父亲有点沉不住气了，想托人打听考试成绩，叶叔华神闲气定地表示"完全不用"。结果，她以理学院第一名的成绩被中山大学数学天文系录取，父亲为此骄傲了好一阵子。

秋季开学了，数学天文系仅有 12 名同学。每人领到一个小板凳、一块小图板，坐在一堆废墟中开始了大学生涯。年轻的叶叔华还在为读的不是心仪的文学专业而耿耿于怀，看不到自己未来的方向。

直到一位女教授的出现，点亮了她人生之河的航标灯。

叶叔华并不知道，她在乐昌艰辛求学时，日后带领她走上天文之路的女教授邹仪新，正在烽火中艰难地维持着科学研究，在山上的学校天文台开展星象观测。

上过邹先生天文课的学生，无不被这位激情四溢的女老师感染。叶叔华至今印象深刻："当时有一位女老师——邹仪新先生，她很活跃，很会感染大家。大家都被她吸引了，感觉很多知识都是国家需要的，所以班上大部分人都选择了天文，我也选了天文。"

在邹先生的天文课上，叶叔华发现宇宙如此广阔，天文如此美妙，她为之深深着迷。大二数学和天文分专业时，叶叔华毫不犹豫地选择了天文。邹先生"我不要做教授夫人，我要做教授"的独立，以及锲而不舍追求天文事业的精神，也映照了叶叔华未来的人生之路。

1950 年夏天，听说中国科学院南京紫金山天文台成立了，已在香港任教的叶叔华，心中的天文梦一下子被唤醒了。她不顾父亲的劝阻，放弃了优渥的待遇，和同为天文专业毕业的丈夫一起回到内地。

他们兴冲冲地来，不料却碰了个钉子。那年紫金山天文台计划招收一名男员工，并不招收女员工。叶叔华很不服气，倔脾气又上来了。"只招一个男的。我听了就气死了，心想我在学校里学得比谁都好，干吗不招我。我就写了一封信给台长,说你不招我是不对的。"她在给天文台台长的信中,一口气写了应该招收自己的五个理由。

1951年深秋的一天,24岁的叶叔华来到紫金山天文台下属的上海徐家汇观象台,走进了那栋有着高耸的测风塔和拱形百叶窗的欧式建筑的大门。她成为那里有史以来第一位女性科研人员,从此开启了她一生的天文之旅。

(三)

每当正点时刻,广播电台就会传出"嘟、嘟、嘟——"五低一高的六响,接着是播音员的声音:"北京时间 × 点整。"这种报时方式不仅为听众提供了准确的时间信息,还具有一定的仪式感和规律性。

如今我们习以为常的北京时间,是从什么时候开始的? 其实,新中国成立之初并没有统一的标准时间。

在徐家汇观象台一间半地下室里,叶叔华开始了她的工作——观测和计算"时间"。她的第一项任务是观测恒星,计算恒星时,再换算成世界时。

观测星象,那是多么神秘而浪漫的事啊! 但没想到实际工作却刻板而琐碎。为了减少误差,观测者得一连几个小时观测,全神贯注,手眼并用地操作和记录。寒冬,身材娇小的她站在木凳上操作冰冷的仪器,戴手套不便于操作,双手都冻伤了;盛夏,被蚊子叮出一个个红疙瘩,还不能腾出手驱赶。观测到半夜甚至凌晨是常事,街上都没车了,得步行半小时才到家。

观测、计算、接收时号、校对天文钟、发播时号……日复一日按部就班的工作,让曾经对天文工作满怀憧憬的叶叔华产生了困惑:难道就这样干一辈子?

　　渐渐地，她意识到了那些枯燥数据背后的意义。尤其是当年的测绘危机，深深地触动了她。

　　新中国成立之初，百废待兴。全国没有一张标准地图，因为很多省份都没有精确测量过，而测绘离不开天文授时。此外，铁路建设、水利矿山、资源勘探等，都需要准确的报时数据。

　　时间工作如此重要，叶叔华很快走出情绪低谷，全身心投入到工作中。

　　但是，真正让她感到难过的是工作成绩。徐家汇观象台在 1949 年从国民政府手中接管，仪器设备多年未更新过，能简单报时就不错了，更何况精确报时。

　　一次会议上，测绘部门当场质疑："不用他们的数据还好，用了反而把工作搞糟了。"尴尬之余，叶叔华没有沮丧，反而激起了一种奋起的力量。她暗下决心，要想方设法提高时间信号精度。

　　随着技术和设备的改进，徐家汇观象台数据的准确性从全世界倒数逐渐进入国际先进行列。新的挑战随之而来——筹建中国世界时系统。

　　叶叔华牵头担当这一重任。开始时，她心里也没底。全世界公认的国际时间局系统与全球 39 个天文台合作，苏联系统与 14 个天文台合作，因为合作天文台的数量越多，就越容易得出精准的时间，而当时中国只有两个天文台，要拿出像样的成果，太难了。

　　她带领团队尝试了各种方法，却处处碰壁，直到想出一个聪明的方法，那就是使得每一个观测的工作人员都相当于一座天文台，通过一系列方法结合在一起，得出精确结果。这一办法果然"灵光"，在她的主导下，中国世界时系统的精确度与国际时间局系统相差无几，排在了世界第二位。

1965 年，中国世界时系统作为时间基准向全球发布，结束了依靠其他国家时号的历史。1966 年 1 月，北京时间播报声通过短波广播走进了千家万户，叶叔华也因此被誉为"北京时间之母"。

（四）

"五、四、三、二、一，点火！" 2007 年 10 月 24 日，中国首颗绕月探测卫星"嫦娥一号"成功发射。在现场见证这一历史性时刻的叶叔华院士，心情格外激动："我激动的是自己终于等到了这一天，中国'冲出'地球，而且是一次成功。"那年，她已届八秩。

也许很多人不知道，完成"嫦娥一号"测轨任务的是甚长基线干涉测量（VLBI）技术网。

VLBI，一个对大众来说陌生的术语，却让叶叔华为之魂牵梦萦并奋斗了多年。

20 世纪 90 年代，我国酝酿"探月工程"之初，叶叔华院士领衔的上海天文台就提出用 VLBI 网对"嫦娥一号"测轨。在此之前，我国的航天探测器最远只去过 7 万千米远的太空，而地月之间有 38 万千米之遥。探测器奔月的过程中，要经历几次变轨。如果没有测控系统的精准护航，探测器就像没有了眼睛，在茫茫太空中飞行，若不能及时刹车的话，要么绕过月球，要么撞上月球。

变轨是个大难题。叶叔华带领团队，自告奋勇承诺在 10 分钟之内完成 VLBI 测轨任务，大家都觉得太不可思议了。

结果，VLBI 只用了 6 分钟就完成了"嫦娥一号"测轨任务。后来到了"嫦娥四号"，只用了 1 分钟。

机会总是留给有准备的人。那时，距离叶叔华最初提出建设 VLBI 网已经过去了 30 多年。

叶叔华既自豪又感慨。这些年为了 VLBI，她耗费了多少心血，又闯过了多少难关。早在 20 世纪 70 年代初，她在图书馆浏览外文资料时，国外一项新的技术——VLBI 引起了她的注意。VLBI，全称 Very Long Baseline Interferometry，翻译成中文是"甚长基线干涉测量"。甚长基线，顾名思义，就是超长的基线，这是当时天文观测中分辨率最高的技术。

尽管运用经典技术已经达到国际先进水平，但叶叔华看到了新的山峰。她意识到，如果不发展新技术，终将被时代淘汰。

1981 年 10 月，叶叔华任上海天文台台长之初，VLBI 项目正式上马。在她的构想中，中国 VLBI 网是连接起上海、乌鲁木齐和昆明三个站点的"大三角"。三个远距离的射电望远镜组成超大望远镜，联合同步观测。

然而，这个构想当时在全世界都没有成功的先例，不仅太富有前瞻性，而且耗资巨大。很多同行不理解，认为她异想天开。

科研经费不足怎么办？叶叔华去位于北京的第四机械工业部求助。她来到处长办公室，提出能否建造一个 25 米口径的望远镜，当即被否定了。要知道，以前台里常用的设备也就 10 厘米口径。

叶叔华愣了一会儿，脑海中浮现出古代申包胥哭秦庭的故事。她想，申包胥为求救兵哭到眼睛出血，我怎么能放弃呢？于是她又提出能否见部长。令她喜出望外的是，不仅见到了部长，而且得到了支持。

要完成一个跨时代的创举，需要多少韧劲和智慧啊！最困难的时候，她也曾沮丧，想过放弃，但夜深人静时，她问自己："这是对国家有用的东西，你是不是尽力了？"于是，第二天她又精神抖擞地开始奋战。就这样，叶叔华带领同事们闯过了一关又一关，科学探究的目光望向更遥远的地方。

叶叔华心里还有更大的梦想：再建造一个65米口径的望远镜，以便未来航天探测器去往火星、木星甚至太阳系边缘！

2012年10月，上海65米口径射电望远镜（又名天马望远镜）落成，这台当时亚洲最大的射电望远镜，如今在深空探测和天文研究中发挥了很大作用。

（五）

艺术和科学，在叶叔华心中从来没有界限。

自从中学时代加入合唱团，音乐就一直伴随着她。交响乐的辽阔与深邃，犹如科学家脑海中宏大的世界；如同合唱的美妙动听来自各个声部的默契配合，合作也是科学界永恒的基调。

中国是地震高发国家，天和地的研究能否结合起来？叶叔华率先提出了"天文地球动力学"这一概念，呼吁天文学界与地学界紧密合作。

天文台到底是研究天还是地呢？有人不理解。叶叔华很坚定，她看到了这门新生科学的重要性。

1994年9月，在一次国际会议上，叶叔华提议发起亚太空间地球动力学国际合作计划（APSG），但闭幕前的会议决议案中并没有列入这项计划，她立即举手发言，据理力争，使得这项计划被增补列入。第二年的会议上，面对各国专家的提问，叶叔华从容地一一作答。那个场景，她好像化身为从小熟读的三国故事里的诸葛亮，舌战群儒。最终她获得了专家们的支持，还被推选为亚太空间地球动力学国际合作计划的主席。

宇宙还有多少未知的奥秘？"平方千米天线阵列射电望远镜（SKA）"，作为最前沿的国际天文合作项目，是迄今人类计划建造的最宏伟的天文观测设备之一。1609年，伽利略制作出人类第一台天文望远镜时，他不会想到几百年后望远镜会变成现在的样子。排成矩阵的射电望远镜那一面面庞大的银色镜子，犹如"世界之眼"，在世界各地捕捉宇宙深处的信息，未来很可能从中诞生获诺贝尔奖的成果。

中国是SKA七个创始成员国之一。叶叔华院士对SKA的前景十分看好。她多么希望年轻人特别是孩子将来参与到这个项目中，希望每个孩子从小心里就有星辰大海。

2021年7月，上海天文馆开馆。那天，叶叔华在天文馆坐了很久。仰望巨大的倒置穹顶，想到无数孩子将在这里尽情遨游，她无比欣慰。这个亚洲最大的天文馆，是她和其他科学家倡议建成的。回望自己的成长足迹，她深深知道，天文学对人的宇宙观、人生观都会产生影响，它会让人思考——人生这么短暂，如何做些有意思的事情。

如果你读过《小王子》，也许会羡慕小王子拥有一颗属于自己的 B-612 星球，那当然是源自童话世界的想象。

浩瀚星空中，有一些小行星，是以古今中外杰出人士的名字来命名的。其中一颗国际编号为 3241 的小行星，就以叶叔华的名字命名，也是唯一一颗以中国女性的名字命名的小行星。

面对如此殊荣，叶叔华风轻云淡，她用惯常的风趣口吻说："真给你一颗小行星，看着它奇形怪状的样子，你要气死了，又不发光，又不发亮，只是在太空里跑来跑去的。这些都是虚名。"

天空中的小行星不发光，而地球上的叶叔华院士以对天文一生的挚爱，发出炽烈的光芒，照亮了永无止境的天文探索之路。

在一次电视访谈节目中，有观众向叶叔华院士提问：宇宙大还是人的心更大？叶叔华院士笑盈盈地回答：有的人，心比宇宙更大，比如哲学家、科学家，还有孩子。

颜德岳 院士

他揭开了

　　　宏观超分子自组装的神秘面纱

　　　颜德岳，中国科学院院士，高分子化学家。他主要
从事聚合反应动力学研究、超支化聚合物的分子设计
和不规整聚合物的超分子组装领域的研究。

高分子与竹篾的缠结

沈红燕

江南春天的清晨，宛如一幅淡墨晕染的写意画，斑驳的房屋掩映在翠竹中，乳白色的薄雾如轻纱般在天地间肆意铺展，温柔地笼罩着整个村庄。乡间小路湿漉漉的，看起来是平整的，若真要踩上去，保准一踩一个脚印，它顽皮地亲吻你的鞋子，搞得鞋子周边一层薄薄的黄泥巴。

村口有一小段石板路，若前一晚下一阵雨，这些青石板就仿佛都被洗过澡一样，干净得都不忍心穿着粘有泥巴的鞋子踩上去。那些石板承载着岁月的痕迹，它们被来了又去、去了又回的人们打磨得光滑平整，低声诉说着时光的故事。

挑担货郎那悠长、韵味十足的吆喝声，悠悠地从雾气氤氲的街巷深处传来："鸡毛换糖！""新鲜的竹笋，嫩生生的，过来看看！"阿爷披着蓑衣叫喊："竹器嘞——竹篮、竹筐、竹椅，样样有嘞！"……这些声音，带着生活的烟火气，唤醒了沉睡的村庄，也唤醒了新的一天。

"父亲颜茂勤在抗战初期就牺牲了，我没有见过他。那时母亲王梅生才二十几岁。后来，我远行读大学，爷爷奶奶已经年迈，她就在生产队挣工分，赡养祖父母。我读研究生后每月寄回一些钱补贴家用。如果没有母亲的担当，我不可能完成本科学业，也无法完成研究生学业。"讲起这些，颜院士的眼眶有些湿润："爷爷颜有望是篾匠。他虽然不识字，但很聪明，从篾匠转做竹器家具，挑到芝英和古山两个大镇去卖。我的童年比起家里以种田谋生的同龄人，日子稍许好过一点点。"

颜德岳院士的童年就在群山环抱的浙江永康派溪村拉开序幕——

（一）

春雨贵如油，坐在屋里看着爷爷编制竹器的时候，幼小的德岳觉得那"滴答滴答"的声音就是生活的全部，偶尔又觉得它有点恼人，不大不小的雨，搞得哪里都湿漉漉的。

奶奶说："禾苗儿喝足了水，长得快。"

小德岳机灵地跟奶奶说："那我也去淋淋雨，好长得快。"小德岳身穿一件洗得有些发白的粗布褂子，裤子显得有点短，膝盖处还有一个补丁，他这一转身就没影了，准是和邻居家小孩去躲猫猫了。

奶奶马连金是个勤快人，一家人的衣服是老旧了些，但干干净净、整整洁洁。她一生好脾气，冲着门外笑眯眯地喊："小捣蛋，赶紧回，衣服湿透还得洗。"

奶奶的叮嘱像竹篾般柔韧，在岁月里编织成一副坚韧的护心甲。小德岳得到的爱，足够从小小的屋子延绵到月亮，再从月亮上绕回来。有了这份笃定与温暖，孩子做什么事情，总是懂分寸的，他知道家里有亲人牵挂着。

低矮的老房子伫立在离小溪不远的地方，宛如一位沉默的老者，看惯了山洪的汹涌澎湃和烈日下的涓涓细流。老屋的外墙随着岁月的变迁变得斑斑驳驳，木板门打开的时候，总是发出"吱吱呀呀"的声音，配上春天"滴答滴答"的雨声，门板就变成了歌唱家。小德岳有时会学着爷爷的样子，找些菜油加在门轴处，关门的时候，果然声音柔和了许多。那时候他不知道菜油加在门轴和门臼之间顶多只是润滑一下，轴、臼和菜油之间都没有发生"化学反应"。

夕阳西下，奶奶在灶前忙碌，饭菜的香味从堂前飘来，爷爷还在他的小屋低着头干活。

爷爷的左手或者右手，总有几个手指缠绕着布条。手艺人的手，是灵巧的，但也常常旧伤未好又添新伤。那双大手，好似一把坚韧的铁钳，能稳稳地夹住竹篾，也能精准掌控细细的竹丝；还会牢牢牵住小德岳的手，去邻近的镇上售卖竹器，温暖又安全。

那是一双无论过了多少日子，都不能忘怀的粗糙有力的大手。

爷爷的大手，撑起了一个家！

那时候的家没有任何现代化的家具，没有电灯，没有空调、冰箱，没有电视机、游戏机，只有厚的、薄的、长的、短的竹篾，一捆捆、一扎扎整整齐齐地码在屋子各个角落备用。竹子的清香弥散开来，那是混合着大自然气息与工匠一丝不苟的味道，令人神清气爽，一辈子难忘。

小德岳喜欢绕着正在编制竹器的爷爷玩。爷爷微微弯着背，坐在一张小竹椅上，脚边、腿上全是看似柔软无骨的竹篾，可它们锋利如刀的时候，仅就一瞬间。爷爷没读过"千磨万击还坚劲，任尔东西南北风"，也没读过

"宁可食无肉，不可居无竹"，但一点不影响他对生活、手作的理解和要求。他劈过无数的竹篾、竹丝，编制过数千个竹篮、竹筐、竹笼和上千副竹帘及数百张竹席……每一件都是他精心制作的作品。

爷爷的大手青筋凸起，只见他抽出一根较厚的竹篾，用篾刀将竹篾一头劈成两层，牙齿咬住薄的那层，一只手握住未劈开的厚篾，那只握刀的手则破开竹节，一拉一撕，薄篾扩展至竹节，再用篾刀破开竹节……反复破节和撕拉，劈出的竹篾可以薄如粗布。这真是篾匠的绝技。

小德岳蹲在竹屑堆里，他忽然发现了神奇之处：爷爷编的竹篮就像蜘蛛网，横的竹篾和竖的竹丝总是交叉成漂亮的菱形！

"爷爷，为什么竹篮要编成一格一格的呀？"小德岳举起自己编得歪歪扭扭的"作品"。

爷爷眯着眼说："就像你垒石头，交叉着才垒得稳呀！"

"爷爷，我来帮你劈竹！"小德岳满眼都是好奇与渴望，看爷爷劈竹一点儿也不难，稚嫩的小手伸向案上那把锋利的篾刀。

爷爷见状，以迅雷不及掩耳之势一把摁住，那大手的力道捏得小德岳的手腕生疼生疼："小嘎角（永康方言，意为小孩子），莫乱动！这刀快得很，割了手，哭三天！"

在颜院士的记忆里："爷爷从来话不多。那一次就特别严厉，不容半句分说。当时我还觉得特别委屈，现在回想起来，爷爷短促的语气里全是深深的爱。"

劈竹不成，小德岳只得默默捡起地上的碎竹篾，编个小篮子吧，歪歪扭扭也不要紧，奶奶说盛几颗花生也不错；再编个杯垫吧，不方不圆也没关系，奶奶说孙儿编啥都好看的嘞！一个从小被肯定、被鼓励、被看见的孩子是幸运的。

那再编把竹扇子吧，小德岳灵机一动。他的小手上下翻飞，一把扇子还算平整。到了收边处，他小心翼翼学着爷爷的样子，两只手不够用，就用牙齿来帮忙。他用门牙咬住竹丝："啊！疼！"他忍不住吐掉嘴里的竹屑，小脸拧成一团，满是嫌弃。爷爷看着他的模样，眼睛笑成了月牙："竹如人，不经千刀万削，哪能成器？"

爷爷年近五十，牙口尚可，可怎么转眼间，爷爷的牙齿发黄了，偶尔咬住竹篾的时候，没有那么利索了，不知道是爷爷的牙齿没有以前那么厉害了，还是竹子更坚韧了？

随着小德岳渐渐长大，爷爷的牙齿开始掉落。不能劈篾了，爷爷无师自通，开始用毛竹做碗橱和椅子等家具。在淅沥沥下雨的清晨，他披着蓑衣，挑着自家做的竹器到十里外的芝英或古山镇去卖。那时是五天一集。爷爷两天赶集，三天在家赶制竹器，经常夜里也要点着油灯干活。再繁忙的生活，爷爷也把小德岳放在心上。有次从古山赶集回家，爷爷买了两个乒乓球带给小德岳，让小德岳欣喜了好一阵。

后来，爷爷还带上小德岳一起去赶集。

卖艺人的铜锣清脆响亮，杂耍艺人的表演惊险刺激，还有小摊上的玩具，现场吹捏的小糖人，各种诱人的小吃……

但得先陪着爷爷卖完这些竹器，才好牵着爷爷的大手逛集市去。

爷爷的大手哦，怎么粗糙得像老树根，满是岁月的沟壑?

（二）

乡村的生活简单又快乐。

夏天，日头爬过树梢，午饭后，爷爷总要躺在他那把竹椅上眯一会儿。小德岳也很喜欢那把竹椅，像被岁月打磨过的玉石，透着一种含蓄而内敛的光，给人一种亲切而温暖的感觉。躺下，伸展四肢，他小小的身躯就被竹椅全部包裹起来，就像被爷爷抱着一样。冬天，奶奶在竹椅上加一层棉垫子，又软又暖；夏天，躺上去，凉飕飕的，摸着光滑的把手，一会儿准能进入梦乡。

趁着爷爷午睡的间隙，小德岳蹑手蹑脚地溜出门去。花丛中飞舞的蝴蝶，红的像火、粉的像霞、白的像雪的各种不知名的小野花，还有池塘里的青蛙，草丛里蹦跳的蚱蜢，荷叶上舞动的水珠……它们好像都在呼唤小德岳，搞得他脚底板都痒兮兮的。但今天小德岳顾不上它们了，他随意穿上一双被奶奶洗得发白的布鞋，满心欢喜地飞奔出去。

小德岳和伙伴们约好一起去溪边玩耍。田里，一片片的苜蓿肆意生长，绿的叶、紫红的花交相辉映。这是娃娃们捉迷藏的好去处：时而踮起脚，选择花草繁茂的隐身之处；时而往地上一躺，瞬间就被那片花海淹没，谁也找不到谁。玩累了，找块阴凉地，大家就躺在柔软的草地上听听虫鸣，看看湛蓝的天空里飘过的朵朵白云……

小德岳家在丘陵地带的一个山村，一条山溪给村庄带来了灵气与便捷。溪水的源头是离村五里的一条瀑布。平时瀑布水量不大，暴雨时，山上汇聚的雨水形成山洪汹涌而下，有如万马奔腾，势不可挡，偶尔也会冲毁堤岸。为了引水灌溉，村民在山溪的不同处修筑水坝。洪水流经水坝时，有一定落差，久而久之就冲刷出一个较深的水潭。孩子们就在这样的水潭中游泳。

爷爷严厉禁止小德岳去那里游泳，奶奶也常说，哪一年谁家的谁谁，背着大人下水，等发现的时候早已来不及了。小德岳听话，就跟在小伙伴后面，帮他们看着衣服，有时还能发现"水蜘蛛能在水面跳舞"的小秘密！他虽然没有下水嬉戏，却把小伙伴们狗刨、扎猛子、吸口气平躺在水面上的泳姿尽收眼底。

1949 年的暑假前，体育老师带领班上的男生去华溪游泳。大家都在水浅的地方玩，近旁是一座公路桥，桥墩的周围被洪水卷去了部分泥沙，深可没顶。小德岳一不小心掉进深水区，浮上来又沉下去，呛了好几口水，可没人敢去救他。在这危急时刻，小德岳想起小伙伴吸口气平躺在水面的泳姿，于是他上浮时不再挣扎，趁机吸了一口气，直直地躺在水面上。随着溪水的流动，他感觉自己已经漂出了一段距离，用脚往下一探，触碰到了沙子，终于到了浅水区。有一个同学向他游过来，伸出一只手，小德岳赶忙紧紧抓住，这才脱险。

这次遇险后，小德岳不顾爷爷的禁令，很快就学会了游泳。华溪下游离廊桥约四里的地方，有一块露出水面的礁石。礁石周围是深水区，底部有一个对穿的洞穴，上窄下宽。戏水的大孩子们，能憋一口气穿过隐藏在水下的洞穴就很得意。但据说也有人进去后没有出来，丢了性命。大家都跃跃欲试，小德岳也想挑战一下自己。他深吸一口气下潜，快要穿过洞口的时候，突然肩膀被卡住了，怎么都挣脱不开，肺像是要燃烧起来，火辣辣地疼。

在这千钧一发的时候，小德岳想起这个洞"上窄下宽"，于是他使劲向下一沉，果然摆脱了束缚。当他浮出水面，在洞口旁边踩水等待的同学程纪驮已是焦急万分。游到岸边，他们手拉手一起躺在地上，大口大口地喘着粗气，望着天上盘旋的鹞鹰，从未感受到生命如此美好！再看看晒黑的胳膊，已经划出了一道血印子，好险呀！

颜院士回想起小时候两次戏水脱险的经历，肯定地说："临危不乱，才能转危为安。可见，面对未知和危险，冷静沉着是多么重要！"

有了这样的本领，去池塘里采菱角就顺理成章了。

方岩山脚下，有一个宁静的小村子。村子边是一方清澈的池塘，塘水宛如一面硕大的银镜，倒映着蓝天、白云和岸边的垂柳。朱熹笔下"半亩方塘一鉴开，天光云影共徘徊"描写的大概就是这样的场景。

阿婆家就在这里，她是个勤快人，在池塘里种下了菱角。采菱角、煮菱角、卖菱角是个体力活，现在阿婆年纪大了，她没法下河采菱角，也没力气煮了菱角拿去卖。

爷爷奶奶就让小德岳去帮忙。

面对新鲜事，小德岳很欣喜，早早起床，撑一只采菱的大木盆，坐在里边，采来的菱角摆得满满当当才回来。菱角煮熟，尝一下，果肉白白嫩嫩的，清甜可口。一想到可以在集市上卖个好价钱，他的脚步都变得轻快起来。

那个年代，同学们都在假期里帮着家里卖桃、卖菜、卖鸡蛋，也会交流一些秤砣上取巧的心得。小德岳也想试试看。他的小动作被旁边卖萝卜的老伯看到了。待到这一单收了钱，在分量上稍占便宜，老伯就招呼顾客："你买了我外甥的菱角，我送你一根萝卜。"小德岳心跳加快，不知所措，也不懂非亲非故的老伯为啥这般说法，但面红耳赤的他知道，人真不能做亏心事。

顾客开心地拿着萝卜走了。还没等小德岳开口，老伯又伸手抓起一把菱角，分给四周的父老乡亲品尝："我家外甥第一次出门做买卖，菱角新鲜、分量足，大家乡里乡亲都来帮衬帮衬。"

很快，小德岳身边就围了许多人，这个半斤，那个八两，一会儿工夫，菱角卖完了。小德岳嘴上没说啥，心里懂得感激，他暗下决心，做什么事情都要守诚信，才能把路走宽了。

有一次采完菱角煮熟，小德岳想背到方岩山上去卖，"物以稀为贵"，没准能卖个好价钱。不想那天有些阴雨，山上游人不多，挑上山的菱角才卖出去一点点，他只得再把菱角挑回来。心里觉得实在对不住阿婆，他把身上所有的钱全都拿出来交给阿婆，菱角也摆在阿婆面前，老老实实交代自己自作主张错了。

阿婆笑了，她拿出几毛钱给小德岳："本来你就辛苦，拿去买糖吃。"

阿婆真诚的笑容成了那个夏天里最珍贵的嘉奖。

如今颜院士回首往事，他说，在那些节骨眼上，遇到老伯这样的好人是他的幸运，善良的阿婆更让他更加坚信，诚实、守信是一个人最基本、最弥足珍贵的品质。

就如科学研究一样，来不得半点虚假。

（三）

秋高气爽，凉风习习，秋天的田野到处都是丰收的景象。热闹非凡的庙会如期而至，人们需要这样的方式欢庆丰收的喜悦。

庙会的广场上人流如潮，大人小孩都欢欢喜喜地从四面八方聚拢来。空气中，各种小吃的香气与人们的欢笑声交织在一起，娃娃们在人群中钻进钻出，开心得像在过年。

"咚咚锵、哐哐哐"，锣鼓声一响，大家不约而同聚到戏台前。平日里空荡荡的戏台被红绸布装扮一新，大彩旗迎风招展，一场扣人心弦的"叠罗汉"表演即将开始。

一位身形矫健的壮汉绕场一周，双脚分开刚稳稳站定，两位穿红着绿的少男少女便分别从两侧轻巧地踩上壮汉的双手，一个腾空，灵巧地落到了壮汉的左右肩膀上。又来了一位少女，一个翻腾，站到了两位少男少女的肩上。

最顶端的少女瘦小轻盈，犹如一只飞燕，她时而舒展双臂，时而弯腰后仰。小德岳看得入迷：这小姑娘看起来比他还小，怎么有如此拳脚功夫？这要是保家卫国，还不就是小菜一碟？他看得如痴如醉。

"好呀，颜德岳！你又逃学！我就知道你准在这里。"班主任程老师啥时候出现在他的身后？他一点都没发觉！

"我，我……我在学武艺保家卫国呢！"小德岳使劲给自己找理由。

"保家卫国先得识字！明天交十篇大字，少一篇都不行！"程老师严厉的眼神中透着不容置疑的威严，根本没有讨价还价的余地。

当晚，昏暗的油灯下，小德岳一脸愁容地咬着笔杆，一滴墨汁不听话地落在宣纸上，一下子晕染成一团乌云。唉，课也逃了，表演也看了，想起爷爷说的"竹如人，不经千刀万削，哪能成器"，这点惩罚算啥，他将来可是要成大器的人！

说起保家卫国，颜院士略有所思："每个男孩子都有一颗英雄勇敢的心！"

1949 年春节过后，小德岳到县城上初中。城里的一切都很新奇，繁华的街道，两旁鳞次栉比的商店……令人目不暇接。离开了家人的约束，小德岳有点管不住自己了，有时逃学到街上溜达，有时到郊外田野徜徉……永康县城解放的那一天，他又溜出校门，加入欢迎解放军进城的人群。此后他还好几次逃学去看解放军文工团的演出。

激昂的旋律，飒爽的舞姿，振奋人心的歌曲，铿锵有力的宣讲，让他如痴如醉，内心也跟着澎湃起来，他幻想自己有一天也能穿上军装，当一名光荣的解放军战士。

一天，小德岳在县城的街道上看到一张告示，是部队学校在招生！一定要抓住这次当解放军的好机会，但他才 12 岁，还没有资格参军。怎么走到征兵的队伍中的，怎么排的队，他都已经晕头转向不记得了，只记得手里攥紧了一份报名表。他虚报年龄，化名"颜善"应试，结果还真被录取了！放榜那天，刚好遇到堂叔。

"德岳，你站在这里做啥？"堂叔严肃地问。

小德岳挺起胸膛："当兵！"

"你个臭小子，三代独苗，当啥子兵，我找你爷爷去！"

小德岳梗着脖子不搭话，但他手心直冒汗。父亲就是在战场上牺牲的，家里就一个宝贝孙子——三代独苗，家里人舍得才怪哩！

果然第二天，爷爷就虎着脸来了。还是那双大手，钳住他就像抓住一只小猫那么容易，拉着小德岳不容分说就往家里走。

爷爷的背，怎么有点弯了？什么时候，他的白发爬上了头顶？小德岳的心有点动摇了。

第二天，爷爷在屋里赶制下一趟集市要卖的竹器。小德岳时不时在屋里踱步，若有所失，耳朵里似乎都是文工团的锣鼓声……

后来，少年德岳失学在家，在村里当民兵，县武装部长到村里检查民兵工作，部长把他自己的手枪斜挂到少年德岳的左肩，打量打量，再斜挂到德岳的右肩，又打量打量，露出满意的笑容："小伙子，当我的通讯员吧！"少年德岳眼睛一亮，这是第一次有人称他为"小伙子"，希望的火苗被重新点燃。他把部长带到家里，希望能说服爷爷。刚进门，爷爷的咳嗽声从屋里传来，像是要把屋顶炸开，桌上油灯的火苗都紧张得歪了歪。

回头一看，爷爷的背影怎么佝偻得像村口的那棵老槐树了？部长问候一声就告辞了。

家人的爱，如竹篾细软，虽隔断了他心里的军旅梦，但他坚信保家卫国肯定还有别的路径。

（四）

在岁月的长河里，许多貌似平凡的小事，当时只道是平常的珍珠，一旦将它们串联，就璀璨起来，成就了不起的一生。

小德岳的家位于村庄的最北边，沿着一条潺潺的溪流，就可以到学校。一路上，要路过村里的廊街和几间民房。

廊街上有一家木雕店，手艺精湛的师傅是东阳人，他的双手仿佛有魔法一样，什么木头到他手里都无比温顺。木雕店的师傅还为客人刻图章，一块块貌不惊人的长方形青田石稳稳地立在印床（固定石头的夹具）里，等待着被赋予新的生命，散发着古老又神秘的气息。

师傅坐在桌前聚精会神，刀走龙蛇，出神入化，雕刻出一方方精美的印章。放学时路过，小德岳被深深吸引，目不转睛地盯着师傅刻章的每一个动作，久久不愿离去。日复一日，他看明白了师傅刻章的全过程，包括工具和手法。

细致入微地观察，是学习的第一步，动手实践才是真的开始。

小德岳用攒下的压岁钱到集市买了两把刻刀，几块打磨好的青田石，又找了一块木头做成印床，用悄悄学到的手艺为自己刻了一枚私章，上面有"颜德岳印"四个篆体字。他第一次觉得"颜德岳"这三个字的笔画竟然这么复杂，深呼吸、慢慢来、急不得，他不断地安慰自己。

优秀的人，总能稳稳控制自己的情绪。

一举成功后，村里就有一些成年人请少年德岳帮忙刻章，当然是免费的。这件事让德岳第一次感受到成功的喜悦。

颜院士谦虚地说："做实验的技巧，是刻章练出来的。"在当年的艰苦条件下，仅凭他的满腔好奇与兴趣，不小心敲开了一扇通往艺术的大门。这个小小的兴趣爱好，教会他做事情就得认真，一笔一画都不能马虎。后来做科学研究，更加需要唯实、求真，来不得半点马虎与虚假。

"学习不要拘泥于课堂与书本，生活的每一处角落都值得探索，只要你有一颗热爱、执着的心。"颜院士回忆道，"失学前我真的不喜欢读书。失学之后有点失落，朦胧地意识到自己已经丧失了改变命运的机会，以后只能学一门手艺或者靠种地谋生了。"

眼见人生即将沿袭祖辈的老路，命运却在此时向少年德岳抛来了橄榄枝。人民政府大力发展教育事业，中学老师纷纷下乡动员失学青年复学。地理老师一眼就认出了颜德岳，鼓励他重返校园。有了政府的助学金的帮助，他得以复学。

从此他专心听课，各门功课的成绩都不错，但他最喜欢的是文史。

青年德岳热爱阅读文学书籍。高三第一学期，班里组织同学到杭州九溪十八涧秋游。德岳的同桌也热爱文学，在秋色胜春花的路上，吟了一首诗，赢得满堂喝彩。德岳被感染，和了一首小诗，也赢得了同学的赞赏。

进入南开大学，他的课外时间大多用来看文学书籍，还开始模仿拜伦的风格写诗，用实名或化名向南开大学校报投稿，曾经有同学称呼他为"校园诗人"。要不是报考了化学系，没准他现在是一位作家，或者是一位语文老师。

如此一位文艺青年，怎么会报考化学系呢？

那是 1956 年高考前夕，颜德岳像往常一样在校园里漫步，不经意间看到了黑板报上的一篇短文。

文章中提到通过化学方法能合成除草剂和杀虫剂，减轻农民劳作的辛苦，确保农业丰收。这看似普通的文字，却在青年德岳的心中激起了千层浪。他的脑海中立刻浮现出乡亲们在烈日下辛勤劳作的身影，那一张张被太阳晒得黝黑的脸庞，写满了疲惫和艰辛；他们弯着腰，在田间除草、除虫，汗水湿透了衣衫，滴落在土地上。他又想起了"稻瘟"肆虐时乡亲们那无奈和悲伤的神情，眼睁睁地看着辛苦劳作的成果付诸东流，却无能为力。

化学竟然能为农民带来这么大的帮助，为什么不用所学为家乡的人们做一点什么呢？

果然，保家卫国绝不只当兵一条路呀！

经过深思熟虑，颜德岳毅然决定报考化学专业。

（五）

漫长的冬季来了。年前，爷爷用竹子为村里编制了一个龙头的骨架，又在骨架上糊上棉纸，再用笔勾出五官和鳞片的轮廓，最后用颜料涂上色彩，描画出龙的五官和鳞甲。

元宵节前后几天的龙灯和花灯是老老少少盼了一整年的：龙头后面是蜿蜒连接的龙灯和龙尾，绵延百米。老家的龙灯由比长条板凳的面板更长、更厚一些的木板连接起来。每片木板上安装两只特制的灯笼，木板两头各有一个圆孔，两片木板之间用木棍穿过孔洞连接，并用木钉锁住。每片木板各由一个村民扛着。龙头巨大，要 8 个人扛；龙尾也较大，但比龙头小得多。到了村边笔直的大路上，龙头向前，龙尾向后，龙身摇摇摆摆神气地"游"向邻近的村庄。此时是看龙灯最热闹的场景。"龙的传人"就这样住进孩子的心里。

1979 年的元宵节刚过，华东化工学院西南分院（现为四川轻化工大学）的教工宿舍楼有一扇窗户通宵长明，42 岁的颜德岳正伏案疾书，求解聚合反应动力学的微分方程组。

稿纸上，密密麻麻的公式如同群蚁排衙，每一个符号都承载着他对科学的执着与追求，承载着他保家卫国的决心。

窗外，东边的山上已露鱼肚白，颜德岳的思绪似乎飘回了永康派溪村那间充满自然气息的小屋。"高分子链的缠结，多像竹篾的交织……"他一边喃喃自语，一边在纸上飞速地书写着。这个想法也令他自己醍醐灌顶！突然，他的钢笔打住了，遇到了难题？

他站起身，缓缓推开窗户，任由凉爽的晨风拂过脸庞。那丝丝凉意，让他的头脑瞬间清醒了许多……

颜院士把前半生的经历，视为一场漫长而珍贵的实验。从童年的竹器店，水中的惊险，刻章时练就的精准，黑板报前的心潮澎湃，到科研道路上的坚持与突破，每一个片段都充满了情感和力量。

这些看似平凡的经历，在他的心中，都有着无比重要的意义。

这些宝贵的经历如同神奇的催化剂，在探索未知的努力中催生出了聚合反应的非稳态动力学模型和宏观超分子自组装现象的发现。

2023 年的春天，阳光明媚。实验室里，86 岁的颜德岳身穿白大褂，戴着老花镜，正专注地审视小动物活体成像的照片。忽然他对身旁的博士生笑道："你看这荧光素标记的靶向药，像不像会认路的龙？"照片上红色的位置，显示荧光素标记的亲体-药物缀合物已经抓住癌细胞，在肿瘤中富集。此刻的白大褂仿佛与父亲的棕蓑衣重逢——保家卫国，两种守护，隔着世纪相望。

窗外，新竹正迸发着脆响，碧玉般的竹节环环向上，将春天的骨节一寸寸拔高。风掠过，整片竹林漾起波浪，颜德岳轻声哼起幼时家乡的民歌："八月秋风吹稻黄……"

歌声轻柔而舒缓，与行云流水般的思绪交织在一起，仿佛带着竹影与方程的故事，悠悠地落在永康江的涟漪上，泛起层层美好！

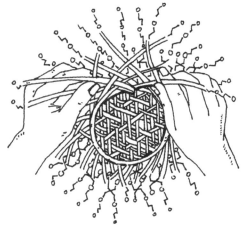

杨雄里 院士

他透过心灵窗户
探究"三磅宇宙"

杨雄里，中国科学院院士，神经生物学家、生理学家，"中国脑计划"的核心筹建者和推动者。他长期从事神经科学研究，专注于视网膜神经机制的研究。

不服输的"皮小孩"

清晨，白日喧闹的城市刚刚苏醒。梧桐深处，晨雾漫过砖红色的外墙和墙砖上蜿蜒的爬山虎，来去匆匆的脚步声叩响了复旦大学医学院一栋栋科研楼的大门。

人群中有一位满头银发的耄耋老人格外显眼。"杨院士早！""早！""杨先生早！""早！"

和往常一样，杨雄里早早来到办公室，开启一天的工作。办公室里，最显眼的位置挂着一幅书法"为人师表"，那苍劲有力的四个字被密密麻麻的学生签名包围，祝贺他从教六十载。杨雄里喜爱的另一幅书法"路漫漫其修远兮，吾将上下而求索"，则挂在家中客厅的墙上——来自曾任中国书法家协会副主席、上海市书法家协会主席的周慧珺。

（一）

时光回到七十多年前，那时杨雄里当然还不是探索"三磅宇宙"（大脑的别称）的科学家，周慧珺亦不是被誉为当代书坛"第一巾帼英雄"的书法家。他们都只是上海钱江小学（现上海市黄浦区宁波路第三小学）普普通通的小学生，还是同桌。

周慧珺年长一些，是从外校来的插班生，性格娴静，品学兼优，既是班长，也是少先队大队长。杨雄里比周慧珺小两岁，是个贪玩的"皮小孩"。没上学的时候，他在家跟哥哥们玩，但因为年龄的差异，他们老是玩不到一块去。上小学后，同班同学都处在好玩的年龄，情况就不一样了。

"黑头，别怕，冲过去！"

"大将军，加油！"

在学校操场的一个角落，杨雄里和小伙伴趴在地上，头抵着头，正在斗蟋蟀。两只蟋蟀杀得昏天黑地，两个小朋友也在地上顶来顶去，四只小脚扬起的尘土，快把身上的白衬衫变得和深色的背带裤一个颜色了。眼见"黑头"大势已去，杨雄里连忙将一根小草伸进缸里，捅在"大将军"身上，分散它的注意力。"黑头"趁机咬住"大将军"的后腿。

"你赖皮！"小伙伴一巴掌打开杨雄里的手。

杨雄里抬头冲小伙伴做鬼脸，正巧看见传达室摇上课铃的老伯伯走了过来。"哎呀，上课铃都响过了，你们两个小家伙怎么还在这儿？"

"比赛暂停，就算平手吧。"杨雄里招呼小伙伴收拾"战场"，又把装蟋蟀的小笼子掖在衣服下，冲向教室，"咱们再来比比，看谁先跑到教室。"

"你老是这样！随便比什么，你都不服输。输了，你也不罢休。"小伙伴虽然很无奈，但脚下的步子更快了。

今天的第一堂课是班主任张亚芬的作文课。他们终于赶在张老师进教室前坐到了座位上。这堂作文课的题目是《我的理想》。教室里静悄悄的，有人埋头在作文本上奋笔疾书，有人咬着笔杆子思考。杨雄里的作文本上只写了一个题目和一句开头。他倒是写过几行字，但又被他用橡皮擦了。因为他的理想太多了，为国争光的运动员、了不起的文学家、心灵手巧的电机工程师……哪个都不错，究竟做什么好呢？他用手肘轻轻撞了撞周慧珺。

"班长，你的理想是什么？"

周慧珺写得正顺手，但仍耐心地回答说："我想当老师。"

"嘻嘻，就像张老师那样吗？挺适合你的。"

"你想做什么呢？"

"我拿不准，到底是运动员、文学家还是工程师呢？班长，你帮我出主意吧。"

"你这么好动，做运动员挺好的……"

两人就这样嘀嘀咕咕说起话来，丝毫没注意到张老师已经走到了他们身后。"杨雄里，周慧珺，你们这样要来不及的。"张老师柔声提醒道，"杨雄里，尤其是你，到现在连第一段都没写完呀。"

"老师，我们立刻写！"周慧珺红着脸回答道，又撞了撞杨雄里的手肘，示意他抓紧。

张老师回到讲台前，无可奈何地看着这个脸蛋圆圆、聪明又顽皮的男孩。他上课总是爱做小动作，还要拉着同桌讲话。张老师给他换过好几个同桌，他总能把原本表现不错的同学"带坏"。周慧珺已经是张老师的"撒手锏"了，没想到，他们俩才做了三天同桌，杨雄里就靠着同为宁波人的"老乡情"打开了周慧珺的话匣子——怎么连班长都被"带坏"了！

直到小学毕业，杨雄里都没改掉这些坏习惯。爱才心切的张老师不免为他着急：这个"皮大王"什么时候才能"生魂灵"（沪语，意为懂事）呀？

"生魂灵"这件事肯定急不来。

小学毕业的时候，不服输的杨雄里栽过一个跟头。他原本想和二哥杨雄飞一样，上育才中学。育才中学教学质量高，文体活动也多，但录取率很低。杨雄里因为粗心把算术考砸了。揭榜那天下着毛毛雨，杨雄里站在教学楼的外墙前，把新生录取名单看了一遍又一遍，直到衣服都湿了，还是没有看到自己的名字。这一回，他是真的"输了"，而且没法重新来过。年仅11岁的少年，第一次尝到了失败的滋味。他垂头丧气地回到家中。母亲一边擦拭他身上的雨水，一边安慰道："雄里，别难过，育才没考上，还可以参加第二轮的中学考试。"母亲的话让他鼻子一酸，落下泪来。杨雄里在委屈和羞愧中意识到粗心大意的后果，并下定决心要改掉这毛病。

上初中后，曾经想做文学家的杨雄里仍然很爱看书，古今中外的都行，他来者不拒。有一天，他读到了当时流行的一本小说《古丽雅的道路》，书中讲述了少女古丽雅的成长故事。杨雄里觉得书中的古丽雅和自己很像：小时候的古丽雅有点"疯"，有点急躁，也有点不太守纪律，甚至还有胆怯的时候……可是，后来古丽雅克服了这些缺点成为英雄。杨雄里的骨子里始终是不服输的，所以他觉得只要自己改掉身上的"毛病"，也能像古丽雅一样成为英雄。

不负张老师所望，"皮大王"终于"生魂灵"了。

（二）

自此，杨雄里就像变了一个人。他不但爱看书，更勤于练笔，从那时起，他就养成了写日记的习惯，断断续续持续了几十年，这既是对文字表达能力的锤炼，也是对珍贵记忆和情感的珍藏；课堂上总能看到他高高举起的手臂，学校组织的各种讨论会或辩论会上也总有他慷慨陈词的身影；他给自己安排了严格的生活和学习作息，磨炼自己的意志和毅力……

更重要的是，他有强烈的信念——坚定地走自己选择的路，无论何时都别停下。1955 年，杨雄里在学校读报栏中看到中国科学院公布了第一批学部委员名单，华罗庚、周培源等大名鼎鼎的科学家都在其中。中国科学院学部委员（1993 年 10 月后改称为中国科学院院士），是中国科学家的至高荣誉。对中学生而言，这一切虽然遥不可及，但足以让很多人开始崇尚科学、学习科学。很多年轻人把当科学家作为人生理想，更有甚者暗暗立下誓言：将来要成为学部委员中的一员！杨雄里就是这样的"甚者"。这一刻，前方的路从朦胧虚幻变得清晰可见。

他如同着了魔一般疯狂学习。想做科学家当然要学好数理化，他和同学们一起向数学定律发起挑战，誓要证明"三角形的三个内角之和不等于180°"。他觉得科学家也要有很高的文学修养，所以他大量阅读文学作品，他读《诗经》、唐诗、宋词，读中国古典文学名著，也读莎士比亚、莱蒙托夫、雨果、巴尔扎克、普希金……法国作家凡尔纳的长篇科幻小说《格兰特船长的儿女》，他一夜之间就读完了。青年时期，他还以惊人的速度学习了五种外语，在外语学习上，他展现出一种特别的天赋。

高中时，学校里教的外语是俄语，那时学习俄语是一种潮流。尽管俄语的语法变化多端，令人头疼，但杨雄里很快掌握了它的变化规律。他可以用俄语写信，阅读通俗的俄文报纸，还可以翻译科学小品文投给杂志社赚稿费。课堂上的内容他早就"吃不饱"了，他又开始阅读俄文版的学术专著。

在俄语达到一定水平后，他开始自学英语。小学三年级时，大哥杨雄翱曾经教过他英语。大哥念一个字母，小雄里跟着念一个。他念得不标准时，大哥就抬起手掌在他后脑勺上拍一下，打得小雄里眼含泪花，委屈得不得了。此后好长一段时间里，大哥都逼着他背诵英语字母和单词，后脑勺也跟着遭了不少罪。好在童年"阴影"并没有影响他学英语的热情。1960年，大学三年级的杨雄里进入中国科学院上海生理研究所（现为中国科学院上海生命科学研究院）继续学业。因今后研究工作的需要，他来到长春光学精密机械学院（现为长春理工大学）应用光学专业深造。这个总在春秋天穿一件北方不多见的毛线背心的南方小伙子，让大家觉得不可小觑。北方的夏天天亮得早，每天凌晨三点，当东方刚泛出鱼肚白时，他就悄悄起床开始晨读。除去早餐时间，他每天晨读的时间长达四小时，晨读的内容包括预习当天的课程，阅读英语和俄语的专业书籍。哪怕因为营养不良而患上"浮肿病"，他也没有中断晨读。仅用半年时间，他的英语水平就和俄语不相上下了。系主任请他为同学们介绍学习经验时，他毫无保留地与同学们分享自己的心得："学习外语就像造房子，单词是砖头，语法是水泥。只有充分掌握了这两种建筑材料，才能建起高楼大厦。一篇课文，如果你掌握了95%

的单词，那还远远不够。为了剩下的 5%，你起码还要查好几次词典，阅读的速度显然会变慢。因此，必须想尽办法牢固地掌握所有单词……"

1962 年，杨雄里又雄心勃勃地开始了第三门外语——德语的自学。靠着 2 块钱的翻译稿费和母亲寄来的 1 块钱生日"红包"，他买了一本《德俄辞典》。他在笔记本的第一页上写下："前程无疑将是艰苦的，同样是 24 个小时，除了专业课和原有的两门外语外，还要匀出时间学习德语，肯定会遭遇各种困难，但是决心和毅力将是成功的要素，我相信我自己。"

接下来，一切变得水到渠成。1968 年，他开始自学法语。1972 年，他又跟着电台开始学日语。有一天，杨雄里来到福州路上的外文书店淘书，一进门营业员就盯上了他。杨雄里穿的衣服很旧，还东一块西一块地打着补丁。他在店里一会儿看看英文书，一会儿又摸摸俄文书，一会儿又翻翻德文书，又过了一会儿他走向了法文书和日文书的书柜。哪怕他看书的时候专注入迷、爱不释手，可在营业员眼中，他活像一个伺机偷书的贼。所以，当杨雄里拿着厚厚的一摞书刊来结账的时候，营业员傻眼了。

"你是来给单位图书馆采购的吧？发票上'单位'栏写什么呀？"

"哦，不是单位的，我是自己看的。"杨雄里说。

（三）

机会总是青睐有准备的人。自学日语 8 年后，杨雄里被所里派往日本进修。

1980 年 4 月 8 日，一架飞机呼啸着冲向辽阔的天空。坐在机舱里的杨雄里不禁深深地吸了一口气。这一刻，他等待了很久很久。小时候，隔壁邻居陈家姆妈家的 5 个孩子个个都是留学博士。小雄里曾在饭桌上大声向妈妈宣布，他也要留学当博士。如今，夙愿将要实现。

出发前，杨雄里特意在生理研究所大楼的院子里挖了一块土。这会儿，它正静静地躺在行李箱中。在异国他乡，这一块平凡的泥土将不再平凡，它是一份神圣的国土。这一份国土将时刻提醒他：一定要尽心竭力，学有所成，报效祖国！往后的日子里，这块土一直被放在写字台最显眼的地方。

他做到了！ 1982 年 2 月 15 日下午 4 点 25 分，这是杨雄里一生难忘的时刻。他成为日本国立生理学研究所建所以来的第一位博士。

3 月，回国前，杨雄里将这一块土分为三小份，一份置于他实验室的窗子下，一份放在日本国立生理学研究所院子中最显眼的樱花树下，还有一份他带回上海保存在自己身边。

如果说杨雄里是以进修生的身份去日本学习，那么 5 年后，他去美国哈佛大学道林教授的实验室时，已经是一个在国际生理学界崭露头角的年轻科学家了。

自 1960 年进入视觉研究领域以来，杨雄里的目光始终紧盯国际科学研究的前沿——神经科学。脑，又被称为"三磅宇宙"，体积虽小，却是全球科学界的"兵家必争之地"。时至今日，大脑依旧是人类认知的"黑洞"，是人类认识自身的终极疆域。

视网膜是探索大脑的一个窗口，杨雄里透过这扇窗户，投身到揭示大脑奥秘的挑战中，乐此不疲，成果斐然。来到道林教授的实验室后，他如鱼得水，更是与有过一面之缘的吴淼鑫博士成为科研舞台上的好搭档。两人合作发表的论文产量、质量之高，引起国际同行的惊叹。

然而，一封信，打破了这份平静。这封信来自上海生理研究所名誉所长冯德培先生，冯先生热情推荐杨雄里回国出任该所的第三任所长。当夜，月色和灯光交织下，杨雄里于回信中倾吐了自己的肺腑之言："从我个人而言，不管我的研究工作有多大发展，从根本上来说我的事业是在祖国……中国生理学的发展，有没有我这个人并不重要，重要的是我有义务去推动它的发展。"

1987 年圣诞夜，杨雄里归国。

（四）

杨雄里身上似乎总有一股使不完的劲儿。他有一颗年轻的心，总是那样朝气蓬勃。他曾经说过："一个人把自己的命运与祖国和事业相连，他便不会衰老！"

1992 年 1 月 3 日，一份来自中国科学院的通知送到了杨雄里手中。下午，杨雄里的学生手捧鲜花涌进了他的办公室——50 岁的他，当选为中国科学院（生物学部）学部委员。当时，在全国学部委员中，他是最年轻的四位中的一位，而在上海的学部委员中，他是最年轻的。

雪花似的贺信向杨雄里飞来，其中一份是钱江小学同班同学陶德华写来的。这封信使他想起了儿时求学的情景，他想起了张老师，也想起了被他"带坏"的班长周慧珺。杨雄里曾在《新民晚报》上见过盛赞周慧珺书法的报道，也在电视上看过关于她的专题片，他为同桌感到高兴和骄傲。这封信，让阔别近半个世纪的师生们重逢了。

"我很高兴，也很骄傲，我的学生中出了两个人才，一个是科学家，一个是书法家。"张亚芬老师动情地看着两位高徒，依旧和当年一样柔声说道，"我还记得当年他们俩在课上'挑绷绷'的样子，写作文的时候也要开小差说话。"大家不禁哈哈大笑。

就是在这次聚会，周慧珺写下了那幅书法。十四个字，恰是八十多年岁月的写照。杨雄里总是谦虚地说："我的天分不高，走得不快，但是我一直在向前走，哪怕前路再难，我也没停下脚步，所以从某种意义上来讲，我走在了前列。"即便如今已不再身处科研一线，他仍在为推动"中国脑计划"奔走、呐喊。

午后，杨雄里躺在沙发上，伴着柴可夫斯基的《第一钢琴协奏曲》小睡。降 b 小调的音符叩响耳蜗的螺旋门扉，在大脑沟回里激起阵阵脉冲，在神经突触间跳跃起舞，最终在海马体中被镌刻成永不褪色的记忆宝石。

李述汤 院士

跨越十亿分之一米,
研发全球最细纳米硅线

李述汤,中国科学院院士,材料化学和物理专家。他长期从事有机光电子材料及显示器件、纳米功能材料及器件,以及金刚石和相关超硬薄膜领域的研究。

微观世界里的万花筒

华 薇

2003 年，李述汤向世界宣布，他们团队研制出全球直径最小的纳米硅线。这种当时全球最细的纳米硅线，直径只有 1 纳米（约头发丝的五万分之一），第一次通过全球科学领域权威刊物《科学》的封面清晰地展现在世人眼前。这是香港特区纳米科学的最高成就，也是整个中国的骄傲。

（一）

在苏州大学功能纳米与软物质研究院整洁明亮的实验室里，电子枪正往荧光膜上打出一个个鲜亮的光点，这是世界上的精密仪器可以跳出的最轻快亮丽的舞蹈之一。这些由红、绿、蓝光汇成的千百种斑斓的色彩，瞬间交织出一幅幅画面，犹如万花筒一般，变幻出大千世界。

"材料学范围很广，我们主要做的是三个方向：一个是有机电激光显示（OLED），一个是超金刚石及先进薄膜，还有一个是半导体纳米硅材料。"国际纳米领域的领军人物之一、中国科学院院士李述汤这样介绍他的研究。

说起荧光屏，李述汤第一次接触到的是电视机，那时他在香港中文大学就读，课余时间同学们齐聚一堂，围着一个黑白电视机，饶有兴致地观看电视节目。当然，画面的质量和反应速度是完全不能和现在的电视机相比的，而且那时电视并不普及，人们获取信息的渠道主要是收音机和报纸。

但不管怎样，李述汤在大学时代知道了电视机这个"奢侈品"。

（二）

说起李述汤的大学时代，自然还要追溯他那不同寻常的童年和少年……

1947 年，李述汤出生于湖南。两年后，中国人民解放军渡过长江，并向南方大进军。当时，李述汤的父亲是国民党少将，于是，只有 2 岁的李述汤跟着父母辗转来到了香港。在香港，母亲又生了一个弟弟，可她生下孩子后不久就生病了。为了给母亲治病，家里的积蓄花光了，经济陷入了困境。父亲四处打工以维持生计。由于贫困，不得不多次搬家。但即使这样，父母在找房子时，除了房租要便宜，还看重能否让孩子们得到良好的学校教育。

一家人搬进了元朗屏山，李述汤入读附近的达德小学。父亲一边照顾母亲，一边养鸡，还做面粉生意。

在屏山的生活有一种强烈的被隔离感。没有小伙伴可以一起玩乐，唯一能吸引李述汤的就是山中的花花草草了，它们摇曳着，含着阳光。李述汤握着空拳，凑上去观看，拳孔犹如一个万花筒，透出一个五光十色的世界。这让他在困苦寂寥的日子里感受到了乐趣。

有一次，李述汤为了去摘一束野花，不小心掉进了泥沟里。邻居将竹篮子放到沟里，把他吊了上来。弱小的他肿着额头，躺在母亲的怀抱里。母亲煮了一个鸡蛋，然后把煮好的鸡蛋在他的额头滚来滚去。肿块渐渐消了下去，李述汤在母亲的呵护中安然睡去。

李述汤 8 岁生日时，母亲给他煮了第二个鸡蛋，这是过生日才能享用到的。母爱自此和暖暖的鸡蛋融合在一起，带给李述汤无限的安慰。

可是，母亲的病加重了。

母亲临终前对李述汤说："我不能再煮鸡蛋给你吃了啊……"

在童年记忆的叠影里，李述汤怀抱着烂漫的山花野草，在他的心里，那是可以拥有的整个春天。但是，人生里最为盛大的春天——母爱，却化作一缕春风转瞬即逝。眼泪夺眶而出，如夏夜的急雨倾盆而下，因其而生的潮湿在后来的日子里浸润了李述汤的一生。

（三）

母亲去世后，一家人的处境更加艰难了。有一段时间，父亲打工的地方离家很远，不能常常回家。每次临走前，父亲总会放下十块钱，这是家里三兄弟两个星期的菜钱。

有一次，实在没钱买菜了，李述汤想到了荔枝，他不能去摘人家树上的，只能去捡掉在地上的。聪明的他做出了清甜的荔枝蒸饭，做饭时飘出的阵阵香气，掩盖了生活的苦涩。

后来，父亲有了新工作，可以和孩子们住在一起了。于是，他们又搬到了屏山的深山里。那里总共不到十户人家，房子是用泥巴糊起来的，房顶是草盖的。到了晚上，听到房顶上"哗啦哗啦"有东西在动，然后"啪"地一声掉在地上。原来，那是蛇。白天的时候，那些蛇就在房顶上钻来钻去。

为了让孩子们有更好的学习环境，全家人再次搬迁。

这回，搬到了调景岭。

五年级的小学生李述汤，开启了新的生活。

调景岭位于香港九龙东侧鲤鱼门湾外，曾经是一座三面环水的荒山，几乎与世隔绝。1950年起，当时的港英政府把这里规划成了一块难民安置区。

李述汤十分顽皮，有时候老师在课堂上刚点完名，他就溜出学校到附近的海边去钓鱼，然后把这些鱼晒干用于卖钱。老师经常追着他训斥。不过，李述汤的学习成绩一直不错。

后来，真正把李述汤牢牢吸引在课堂上的，是那些受过名校教育，拥有教书育人理念的老师们。这支教师队伍藏龙卧虎，来自全国各地，课堂上时常飘荡着或软糯、或悠扬、或铿锵的乡音，有湖南话，有四川话。在老师们的悉心教导下，诗词歌赋的神韵震撼着学生们的心灵，各种知识和技能令人终身受用，贯穿李述汤一生的爱国情怀以及对故土的眷恋也在这时悄悄扎根。

读到中学一年级时，由于父亲工作不稳定，李述汤只好入住辅助社继续学业。调景岭学生辅助社（香港学生辅助会的前身）可以为条件困难或无依无靠的孩子们提供食宿。虽然这里公共设施匮乏，刚入住时还没有自来水，但一百多名来自贫困家庭或父母双亡的孩子都有着坚强的信念，互帮互助，积极向上。

在李述汤的成长和学习过程中，对他影响最大的老师，莫过于他的父亲。

父亲是李述汤最重要的英语启蒙老师，直到今天，李述汤还记得父亲带着幼年的自己一起念英文歌谣的情景。"A pen and a hen, a man and a pan"，既是朗朗上口的童谣，也有日常生活的达观。

父亲对李述汤的影响远不止于此。当时，香港还在英国殖民统治下，作为一名抗日将领、爱国志士，李述汤的父亲一直为中国人的身份感到骄傲自豪。毕业于黄埔军校的他，原本习惯了优渥的生活，即便后来颠沛流离、疲于奔波，他始终没有放弃对生活和对祖国美好未来的坚定信念。他这样告诫自己的孩子，人生有两件事最重要，一是爱国，一是读书，要好好地爱国，要好好地读书。

"如果没有父亲的严格教导，也就没有今天的我。"

李述汤记忆中最深刻的场景，就是在寒冷的冬日，父亲坐在床上，裹着被子，检查孩子们的功课。在少年李述汤懵懂的双眼中，或许还不知未来是什么，人生是什么，但是在父亲的谆谆教诲中，那些宏大的概念并没有以虚幻的姿态将他笼罩。

（四）

李述汤次次考试都是年级第一名，这不仅因为他天资聪颖，而且因为他勤奋好学。不知多少个昼夜，李述汤在日月交替的光影中奋笔疾书。在对知识强烈渴求的热情中，李述汤既感受到学海跋涉的艰难漫长，也盼着下一个清晨轻盈地到来。

当然，让少年李述汤一直朝前走的还有来自小伙伴的温暖和激励。

在调景岭读书时，除了李述汤这个"永远的第一名"外，还有一个吃在一处、玩在一处、学在一处的小伙伴，每次考试都和李述汤并驾齐驱，总是勇夺全年级第二。虽然两人是学业上的竞争者，但他们是最好的朋友。学校组织去郊游，老师关照学生们要备足食物和饮料。家境贫寒的李述汤不免有些愁闷：明天可能要饿着肚子郊游了。这时，那个小伙伴对他拍了拍胸脯："没什么，别愁，全都包在我身上。"第二天，郊游队伍中的李述汤神采奕奕，他不光看见了美景，而且心里还明白，其实最美好的景色尽在小伙伴的情谊中。

　　虽然李述汤成绩优异，是各方面的优等生，但这时他遇到了新的难题。调景岭不光地势偏僻，而且调景岭学校的学历不被当时港英政府及区外的学校认可。李述汤多么想拥有被认可的学历，获得参加考试的资格，从而进入大学接受高等教育，最终实现个人的理想和价值。恰巧辅助社缺少医生，辅助社同意李述汤转入学历被认可的外校，以便将来攻读医科。

　　转到外面的学校后，新的考验又接踵而来。由于原来的学历不被承认，新学校要求降一级录取。在李述汤的坚持下，学校以试读中四（即高一）下学期作为考验。李述汤夜以继日地学习，半年下来，以优异的成绩证明了自己的能力，随即升读中六（即高三）。为了能有机会考进唯一有医科的香港大学，根据相关规定，李述汤必须转投英文中学念大学预科。结果，只有一所英文中学考虑他的转学申请，但要求李述汤降级至中五（即高二）。经此一事，李述汤不得不放弃了从医的承诺。

　　面对一个又一个困难，李述汤咬紧牙关，从不轻言放弃。

最后，李述汤考取了香港中文大学化学系，并获得了奖学金。

有着坚韧不拔精神的李述汤，就这样不断抓住机会，实现了在困境中的突围。

李述汤对自己的未来有着清晰的规划。香港中文大学的很多毕业生会选择教育管理岗位或公务员岗位，但李述汤听见了自己内心的声音，他热爱科学研究，他的志向是要成为一名科学家。他知道科研道路会比他的求学之路愈加艰险，但只要心之所向，他相信自己能披荆斩棘。宽阔的大道就在跋涉者心中。

后来，在美国学习和工作期间，李述汤每年都会给调景岭学生辅助社寄新年贺卡，回到香港之后，还经常去辅助社，陪那里的孩子们吃饭、上课。

"我忘不了自己是从哪里来的，忘不了以前吃过的苦，因为欠缺，所以拼命奋斗，这种拼搏精神是我成长的要素。路是一点一点走出来的，我是一步一步成为院士的。"李述汤如是说。

（五）

苏州大学功能纳米与软物质研究院由李述汤于 2008 年领衔创建，它坐落在绿色葱茏、花叶并茂、古朴幽雅的苏州大学独墅湖校区。

李述汤研究的是纳米材料学。

可以说，任何一个工科行业，只要和物质生产、物质应用有关，就会和材料学产生关联。材料学的贡献，能在很大程度上加快行业技术和产业层面的新旧更替。纳米材料，是近年来材料学领域的闪亮新星。

纳米，原称毫微米，是长度的度量单位，即十亿分之一米，比单个细菌还要小。

这便是微观世界。

基于纳米技术的材料学正是现代科学技术对微观世界的了解和应用。

说起这方面的科学研究，李述汤讲得既专业又通俗：

"比如说，汽车的动力很大一部分来源于石油，但石油造成了一定的环境污染，而且石油是有限的能源。如果采用纳米技术，就可以提高石油的利用效能。

"利用太阳能和风能，可以很大程度上减少碳排放量，甚至可以利用纳米技术把碳排放量减少到零，而且太阳能和风能是可再生资源。在治理环境污染方面，利用纳米技术可以把对环境的污染降到最低。纳米技术的一个好处是让材料的比表面积尽可能大，即在体积不变的情况下，切得越小，材料的表面积就越大。所以，纳米技术用在太阳能领域，就可以提高利用太阳能的效能。

"纳米技术不光可以提高效能，有时候还能提升材料的功能。比如说硅不溶于水，以往大家普遍认为硅不能进行生物应用，但是运用纳米技术就可以改变其特性，实现硅纳米结构的水溶性，这样就可以把硅用于生物成像和疾病治疗了。

"又比如，有机电激光显示领域的研究成果可以广泛应用在手机显示屏、智能手表、电视机、眼镜上的镀膜、VR 头盔、AR 头盔等处，是这些领域技术革新中的重要一环。一方面，这种技术显像反应速度快，高速度画面得以更清晰地呈现;另一方面,画面色彩更漂亮,还有一点就是更便宜。总之,从各方面来讲,都有传统液晶无法匹敌的优势。传统液晶在新的科技浪潮面前,如同留声机、打字机一样,很快将被淘汰。"

苏州大学功能纳米与软物质研究院不断开拓创新,在环境保护、能源利用和生物医学等方面取得了傲人的成就。

李述汤侃侃而谈:"如同同时驾驭八匹骏马,最开始要把缰绳放开,借助优质的资源建设,加强沟通交流,这样才能把我们每一个人的力量发挥到最大。第一阶段重在加强能力建设,这时不能抓得太紧,要让马儿肆意奔跑。而到了第二阶段,就要把缰绳收起来了,要把人才组织起来,发挥团队的力量。"

李述汤有一双慧眼,总是能够透过繁复冗杂,洞悉事物背后的本质。

有些看似不可能的研究方向,在李述汤的眼里是可以想办法去攻克的。"当然很难,但正因为很难,我们才要去研究,去攻克。我的研究方向也并不是每一个都能成功,只不过成功的概率比较高。除了日复一日的科研经验和长期积累的知识素养所形成的科研洞察力,另一个很重要的就是要勇于尝试,不要畏惧失败,失败是成功之母。"

提及青少年的学习兴趣与专业选择的问题,李述汤说起了自己两个儿子的故事。

在孩子决定报考志愿的时候,李述汤鼓励他们按兴趣选择。

大儿子说他喜欢医学,所以,很快就确定了将来从事医学事业。

可小儿子却没有明显的学科兴趣倾向,但李述汤认为这不是什么棘手的问题。

"有没有喜欢的学科呢，哪怕是一点点？"

"没有，真的没有喜欢的学科，一个都没有。"

"好，那么有哪些学科是不喜欢的呢？先把它们排除掉。"

经过一次次的排除，最后剩下了工程学。

"工程学呢，觉得怎么样？"

"还可以吧，谈不上多喜欢，但是也没有不喜欢。"

"好，那就是它了。"

几年过后，大儿子如愿成为一名医生，实现了父亲当年没有兑现的承诺。小儿子则就读大众工程专业，学得越来越投入了。

在李述汤看来，培养兴趣是至关重要的。"所有的选择还是要回到孩子的兴趣上来，做事情是凭兴趣推动的，父母的责任就是发现孩子的兴趣所在，并给予他们物质和精神上的鼓励和支持，让他们能走得更远。"

李述汤特别反感把将来找工作作为学习目的的那种做法。"这是错误的，人不是为了找工作而读书的，永远不要功利地决定专业走向。再说，行业的冷热动向本来就变化很快，在一个科技发达的时代，行业更替得更快，每一代人面对的现实都不一样。学习知识的根本目的不是为了赚钱，而是为了将来在社会上贡献学识，发挥个人能力。一个个体，其实在任何环境里都可以发挥力量。学习是为了促进自己更好、更快地成就独立的高素质的人格。对于个人来讲，只要他有爱国心，又以兴趣作为基本的学习驱动力，那就是一个好的开始，也是一个好的过程，不管学什么样的学科，都会殊途同归，得到圆满的成果。学会做人做事，有基本的逻辑，有钻研学问的独立精神和能力，那么不论外界如何变化，都可以以不变应万变。"

在办公室埋首工作的李述汤，偶尔会起身遥望远处。

恍惚间，屏山的树木已经长高长大，它们把根系和枝丫延伸到了这里；调景岭抑扬顿挫的读书声似乎也在校园中时隐时现。

明媚的阳光照射下来，李述汤握起空拳放在眼前，仿若一个万花筒在面前：筒里的"微观世界"五光十色，仔细端详，错落有致的枝叶奋力伸向天空，纵横交织，仿佛每一棵树的故事都刚刚开始。

房　喻 院士

他研发的"电子嗅犬"
助力祖国的繁荣安定

房喻，中国科学院院士，物理化学家。他主要从事薄膜荧光传感器和分子材料研究。

解锁"学神"　　练就密码

唐池子

实验室里的浓烟考验着科学家的勇气，实验室里失败的记录磨砺着科学家的耐心，实验室的灯影叠映着科学家的孤独坚守。二十年磨一剑，宝剑锋从磨砺出，梅花香自苦寒来。成功的奇迹之花终于被辛勤的汗水催开。

物理化学家房喻首创叠层式薄膜传感器结构，研制出爆炸物探测装备，打破了国外波导管结构的技术垄断，又研发了探测毒品的薄膜荧光传感器，进而研制的毒品探测装备在国内外获得广泛应用。小到人们的日常出行，如地铁进站、机场登机，大到各种国家重要峰会的公共安全保障，背后都有薄膜荧光传感器的技术支持。

2021年，国际公认的薄膜荧光传感领域的领军人物之一房喻，因为在薄膜荧光传感领域做出的重大贡献，当选为中国科学院院士。那时，他获得授权的发明专利就已有40余项，而今，即将步入古稀之年的房院士仍然没有停止奋进的步伐，带领团队继续攀登高峰，聚焦航天、国防、民生等多个领域。

（一）

1956年9月，房喻出生于西安临潼的一个小村子——房家村。临潼1974年因出土秦始皇兵马俑而举世闻名，不过那是房喻出生十几年以后的事。那时，临潼的房家村是关中一个极普通的村子，房喻出生在这里一个普通而温馨的家庭。父亲是一位木匠，年轻时在城中开了一家家具小作坊，后来定居房家村，在这里娶妻生子，安居乐业做农民。房喻是家中唯一的男孩，他有两个姐姐。两个姐姐都很宠爱他，姐弟间手足情深。母亲生下房喻的时候已有四十多岁，在房喻的记忆中，母亲总是忙忙碌碌的。母亲深夜为一家老小缝补不辍，那盏久久不熄的灯，像母亲勤劳艰辛的一生，永远燃在房喻的记忆深处。父亲是一个性情和善的人，乐于助人，跟左邻右舍相处融洽，对房喻自然也是特别宠爱。没有玩具，父亲就用自己的木工手艺给儿子做木头玩具，木头手枪、小木车……房喻至今还记得那些玩具散发的木头清香。

（二）

对房喻影响最大的人是爷爷。父母白天都要外出干活，大部分时间房喻是和爷爷待在一起的。爷爷是当地一位颇有名气的中医，找他看病的人不少，爷爷坐在院子的竹椅上给病人号脉看病，房喻就坐在旁边的小板凳上，安静地看。那时他们居住在一个大宅子里，是爷爷祖辈传下来的宅子，面积很大，有一个占地一亩的院子，旁边还有一个同样大小的园子。院子这边住着一家人，园子那边则种着花草树木，还种了不少菜。院子里来来往往的是人，园子里来来往往的是鸟儿和蜜蜂。

房喻是一个安静、好奇心强、爱思考的孩子，花草树木都能激起他强烈的好奇心，但最吸引他的还是爷爷的医术。房喻觉得爷爷简直是个神奇的魔术师。一个病人喉咙肿痛得厉害，没法说话，连嘴巴都痛得歪歪斜斜。爷爷不慌不忙，拿起一根长针，先在火上烧灼针尖，然后用针尖戳一下病人喉咙里的肿包，小心地挤吸出脓液，再在创口上涂上自己秘制的药。等这个人下次来到院子里，不仅喉咙不肿了，而且还能笑呵呵地对爷爷说着感激的话呢。

在房喻心中爷爷是最聪明的人，他像那些病人一样崇拜爷爷。看吧，爷爷那双手看上去普普通通，手指瘦长瘦长，不会像父亲那样熟练地拿起锉刀锯子，做出精美的家具，也不会像母亲那样麻利地操起锅铲勺子，一眨眼炒煮出一锅香喷喷的烟火美食。但是爷爷瘦长的手指可以在散发药香的草药间随心跳舞，挑挑拣拣，又在那杆迷你的小铁秤上上下摆弄，再把草药倾倒在纸包中，快速细致地合拢包好。然后爷爷会耐心叮嘱病人带回去的药应该怎样熬煮服用，病人就拎着这一包包希望回家了。等病人下回再来，愁眉苦脸变成了眉目舒展，仿佛变了个人似的。咳嗽的、发烧的、胃寒的、拉肚子的，统统药到病除。爷爷那瘦长的手指实在太神奇，在房喻的眼里，似乎是它们轻易拿走了病苦疼痛，换来了健康和感恩。

爷爷治病救人的形象，深深地刻在房喻的心上。是的，从那时候开始，一颗梦想的种子已经悄悄种下，房喻希望自己能成为像爷爷一样的人，当一个妙手回春的好医生，为病人解除痛苦。

再稍大一点，房喻看懂了，爷爷之所以得到村里人的敬重，除了他高超的医术，还有他高尚的品格。对那些因为贫困付不起药费的人，爷爷从不为难，他总是仔细地把药配好，同样耐心地叮嘱病人如何熬煮服用。至于药费，爷爷总是说，先治好病，健康可比药钱贵多了。人们总是感激得直抹泪，哽咽着说爷爷有一颗菩萨心肠。

幼小的房喻，把爷爷的为人处世之道看在眼里，记在心里。爷爷的专业精神和对待病人的慈悲之爱，深深影响了房喻。

难得空闲的时候，爷爷就戴上老花镜，坐在院子里的大树下看书，那是一本厚厚的医书。房喻对爷爷看的书好奇已久，他凑过去想摸摸，可是爷爷捉住他的手："喻儿，这是爷爷的宝贝，碰不得。"房喻不明白："爷爷，您不是老说，我是您的宝贝么？为什么现在倒成了它是宝贝？"房喻噘起嘴巴不服气。爷爷呵呵笑了，说："你是爷爷这里的宝贝。"爷爷指了指自己的心窝，又小心举起手里的书，说："它呀，是爷爷这里的宝贝。"爷爷瘦长的手指指着自己的脑袋。看房喻瞪大眼睛一副困惑的样子，爷爷说："等你再长大一点，爷爷不仅让你摸这本宝贝医书，还让你看个够！"

得了爷爷的许诺，这下房喻开心了，他想，他要多吃一点儿馍，长高长大就可以摸爷爷的宝贝了。房喻仰起头高兴地说："爷爷，您等着，我将来不仅要摸您的宝贝书，我还想像您一样当个好大夫！"爷爷一听，显得比房喻还高兴，他把手中的书小心地放在旁边的桌子上，取下老花镜，向房喻张开怀抱："来，来，喻儿，到爷爷这里来，爷爷抱抱。"房喻最喜欢爷爷抱，他一溜烟儿跑到爷爷膝前。爷爷把房喻抱在自己的腿上，握着他的小手，乐呵呵地说："喻儿，你这么小就有志向，爷爷听了真高兴。爷爷最喜欢你当大夫，将来，爷爷把所有的医术全部传授给你。"爷爷指着桌上的书："这本书是所有医生的宝贝，将来你要当大夫，不只要读《本草纲目》，天下的书你都要学会读，你才能当一个真正的好大夫，明白吗？""明白！"房喻毫不犹豫地回答。他下定决心，一定要读很多书，当一个像爷爷这样的好医生。

"可是爷爷，什么时候我才能读您的宝贝呢？"爷爷说："快了，快了，等你再长大一点，学会认字就可以！"

（三）

房喻把这句话记在心里。"认字"，就是像大姐那样每天背着书包去学校上课做作业？从这时候开始，房喻心里最羡慕的是每天上学的大姐。只要大姐放学一回家，房喻就跟在她的身后转。大姐做作业，他也在旁边装模作样地"做作业"，其实不过是找了根树枝，学着大姐的样子，在地上写"字"。大姐自然把这些看在眼里，热心地当起了弟弟的小老师。

房喻就这样认了不少字，没有儿童读物可看，大姐的课本就成了他的读物，虽然好些字看不懂，但能磕磕巴巴地猜。只要猜中了，房喻能高兴上半天。他就这样爱上了阅读，那时他才刚满 5 岁。

等有一天爷爷发现房喻已经学着认字时，倍感欣慰的他把自己藏放《本草纲目》的抽屉钥匙郑重地交给房喻。从此，房喻开始享受阅读医书的快乐。

1964 年的初夏，临潼骊山脚下的麦子正在等待收割，知了的叫声正在骄阳中震耳欲聋地飘荡，村子里的男娃在一阵呼朋唤友的喧闹中，仿佛另一群活跃的知了，成群结队到骊山脚下的水库戏水消暑去了。房家阁楼的木案前，一个浓眉明目的男孩却像钉子钉在椅子上，手里捧着一卷比他脸蛋还大的旧书，正在埋首苦读。一束阳光透过雕花窗棂，在他微卷的睫毛上跳跃着碎金的舞蹈。

这卷《本草纲目》是爷爷行医问药的宝典，爷爷一向嗜爱如命，称它为自己的宝贝。现在，房喻终于可以进阁楼打开锁着的抽屉，捧读爷爷的宝贝书了。房喻忘了暑热，忘了蝉鸣，整个身心沉浸在泛黄的书卷里。

他先翻阅《本草纲目》里线描的植物图画，芍药、杜若、肉豆蔻、丹参……有些中药他早在爷爷开药方时就见过，现在自然能猜出图画下的那些汉字。这对他，又是一种有趣的魔法。当他琢磨这些字时，不仅渐渐记住了它们的写法，同时仿佛嗅闻到它们的气味，而且仿佛听见爷爷笑眯眯地对他说，治病救人的秘密都藏在这本书里呢！

房喻津津有味地翻阅，书中仿佛藏着一枚小小的磁铁，把他牢牢吸引住了，让他聚精会神地在文字和图画中细致寻找爷爷神奇的秘密。

暑热的午后，村里的男孩们厮跑游戏时，房喻宁可把自己藏在阁楼里，在爷爷的书卷里独自探秘。

爷爷特别欣赏静心阅读的孙儿，他期待的目光如书卷那么长："喻儿，认真读书，做一个对社会有用的人！"爷爷的布鞋碾过满地碎光，药香随着衣摆拂过男孩鼻尖。房喻心中的渴望也像书卷那么长，是啊，像爷爷那样，当一个悬壶济世的医生多好，可以帮助很多很多人，房喻眼眸中生出明亮的星光。

（四）

然而，慈爱的爷爷等不及房喻长大就匆匆离世。不久，连他的宝书，连同房家大院，那个时常和姐姐们一起读书的洒满阳光的墙角，在那个特殊的时代，突然全部被收走，一切都消失得杳无踪影。

房喻一家的生活突然陷入混乱和困顿，一家人匆匆搬进陌生的小房子里。房喻不明白发生了什么，他思念爷爷，在新房子里找了又找，却再也找不到关于爷爷的一切。他哭着问父母要爷爷，父亲凄然告诉他："喻儿莫哭，男儿当自强！"房喻看着父母鬓角的白发，默默收住泪珠。他记得爷爷的话："喻儿，认真读书，做一个对社会有用的人！"他擦干眼泪，请求父母，要和姐姐们一起去上学。

辨百草、行四方的爷爷，连同他的宝贝《本草纲目》，一起消失了，但爷爷的仁心和医德，早已成为房喻最初的人生模板，爷爷教导的话语，房喻记了一辈子。

大姐牵着房喻的手，向学校走去。当时，父母想尽办法，家里却只供得起两个孩子上学的费用。实在无奈，父母被迫让成绩优异的二姐辍学回家干活。二姐是一个十分优秀的学生，才上三年级，家里已经贴满她的奖状。可是命运对二姐实在不公。房喻就是这样一生怀着对二姐的愧疚和同情，拼尽力气努力求学。是二姐的牺牲，成全了他的求学梦，他无论如何都要弥补二姐的遗憾。他必须替二姐多学一点，再多学一点。

因此，上学后，房喻是学校最用功的学生。他珍惜课堂上学到的每一个知识，感激每一位教导过他的老师。他热爱知识，热爱上学，渴望学到更多，更多。他记得爷爷的话，读天下书就可以成为对社会有用的人！

在学校停课，没有书读的特殊时代，房喻像寻找光芒的昆虫一样，竭力去寻找让脑力活跃、视野开阔的一切知识。实在无书可读，他就读大姐的课本,初中的语文、数学、历史、地理,他偷偷抱着读完了。

尤其是地理,房喻特别喜欢。那时他爱上了去舅舅家。亲情的温度总是在黑暗岁月给人温暖。舅舅打小对房喻宠爱有加,对房喻的到来当然敞门相迎。舅舅家有学识丰富的表哥表姐,房喻乐于向他们请教和学习。舅舅家还有一张贴在墙上的世界地图,这张世界地图在很长时间里成为房喻的"心头好"。他好奇地盯着辽阔的世界,他看到世界如此绚烂多色,他明白当下只是暂时的,世界就在地图上,一定会越来越好的,只要更多人努力,一定会这样!

房喻对全世界每个洋流、每个国家都好奇。中国的北京,印度的新德里,苏联的莫斯科,新西兰的惠灵顿……他细心地查对每个国家的首都,记下这些美丽的名字。这个世界有这么多美丽的国家、城市,它们在世界各地,也可以在他的心里。房喻不仅把世界地图的形状记在脑海中,而且把那么多个国家和它们的首都记在心里。为什么要这样做?当时的房喻完全没有觉察自己行为的动机,他只想做一些有意义的事,让内心极度的求知欲望和活跃的脑力得到释放。他不愿意浪费生命的每分每秒,他要挑战未知,他需要那份战胜自己后获得的、无法言传的快乐。

房喻的坚持在中学阶段更加坚定,他始终保持着对知识的渴望,几乎将所有的时间都用在了学习上,因此成绩十分优异。他又发现了一种比背世界地图更有挑战的脑力活动,那就是在心里演算乘法。两位数乘以两位数,如同在草稿纸上列出演算过程那样,他在脑中布出所有环节,记下每一步,直到结果准确无误、不差毫厘。只要有空闲,他就静静待着,开始这种心算的刻意练习。他并非天才,刚开始也会记错算错,可是他不气馁,愈加坚持。

不久，他就有了心得和进步，他算得越来越准，越来越快。他的心算能力越来越强，他又开始加大难度：两位数乘以三位数、三位数乘以三位数……每天睡觉前，他都让脑子高速运转演算一遍。他很高兴，自己终于悄悄练成了人体计算器，速度快，正确率百分之百。

接着他又开始一轮新的刻意练习，争取每次考试题目做一遍就能达到百分之百的正确率。如同用藏有标准答案的扫描仪扫过一样，他的试卷只做一遍就是满分，终于练成众人心中仰慕的"学神"！他如此严苛地训练自己，要求自己具备缜密的思维，快、准、强，这些对他以后开展严谨的科研工作有巨大的帮助。

（五）

就是凭着这股子无论面对什么环境和困难，都不放弃梦想和希望，都极严苛地精进自己能力的"学神"精神，房喻在艰难的环境中顽强求知，以优异的成绩完成小学、中学阶段的学习。后来，他在成才之路上遭遇过一系列的挫折和考验，然而，从小养成的这种坚毅奋进的精神帮助他敢于面对人生的风浪，最终长成参天大树，成为国家栋梁之材，以卓越的成就成为备受尊敬的院士。

房喻最初的理想是成为像爷爷那样的好医生，最终命运的安排和国家的需要，让他选择了化学，肩负起科学家的使命，为国家为人民做出了一系列顶天立地的研究，为国家繁荣安定持之以恒地奋斗拼搏。时代、命运、能力、才华，将他推到了更加辽阔高远的领地，实现辉煌的人生价值。

房院士说过："结构决定性质，是化学家的信条。"以房喻院士为代表的优秀科学家，从童年时代起就立志做对社会有用之人，他们在人生磨难中不但没有消沉颓废，反而越挫越勇、决不言弃，渐渐形成对祖国的热爱、对人类的责任感、对未知无止境的探求精神，这些最终内化成他们强大的人格魅力。他们拥有超越常人的百折不挠、乐于奉献、大气磅礴、以苦为乐、无私忘我的卓越品性；正是这些卓越的品性，使他们的才华和智慧超越个人的局囿，如绚烂璀璨的虹光，照亮人类万里长空，让我们久久思考、怀想。

打开关于房喻院士的报道，第一条就是他进校园开展科普讲座。只见满头银发的房喻院士带着他研发的"电子嗅犬"，笑容可掬地出现在孩子中间。从这位潜心学术研究四十载，以教育为使命，仍葆有赤子之心的科学家看向孩子们的饱含星光的眼眸中，我们似乎望见了六十多年前房家大院里那个仰望着爷爷，眼中生出无数星光的孩子。

黄荷凤 院士

她为新生命

挡住遗传的阴霾

　　黄荷凤，中国科学院院士，生殖医学家。她长期从事妇产科和生殖医学的临床与基础研究，主要研究方向为生殖医学和生殖遗传，提高了试管婴儿的安全性，从源头阻断遗传性出生缺陷。

荷池凤凰

沈红燕

（一）

1957 年金秋，浙江嵊县（今浙江省嵊州市）"两头门"卫生院，一声婴啼响起。

一位女演员在娘家坐月子，她望着襁褓中刚出生的婴儿，指尖轻轻抚过孩子的小脸，眉间凝着化不开的淡淡愁云——

剧团即将奔赴外地巡演，这个排行老五的女儿该托付给谁？

"我们把囡囡留在她外婆家吧！再找个奶妈帮忙一起照顾着，保准把囡囡养得好。"这位女演员的丈夫是剧团团长，他如此安慰妻子。就这样，这个女孩被安置在嵊县邻村的一位奶妈家。奶妈疼爱孩子，请当地一位老先生为孩子起名。先生觉得孩子出生在荷花盛开的季节，根据生辰八字，她应是荷花池里飞出的金凤凰，因此取名"荷凤"。

若干年之后，西湖边的荷花池似一幅流动的水墨画。西湖边的浙江大学医学院附属妇产科医院的黄荷凤院士便是当年的小女孩。

此时的她早有"送子观音""世纪外婆"的美称，已经过半个多世纪的历练。

是怎么样的难与坎，怎么样的少年成长，才成就如今妇产科生殖医学领域的专家黄荷凤院士呢？

（二）

2岁那年，小荷凤手里紧攥着半块发硬的米糕，跌跌撞撞追着老母鸡跑，突然被门槛绊倒，额头撞在石臼沿上，嫩生生的皮肤立刻出现一个鼓包。奶妈慌忙丢下手中的针线跑过来，孩子却咧开嘴笑，举着沾满泥土的米糕含糊不清地喊"奶妈吃"，奶妈心疼得直抹眼泪。

4岁那年，全国陷入经济困难，彼时的小荷凤已经被父母送往临安爷爷家，和她的姐姐和两个堂哥一起生活。爷爷蹲在灶台前，看着空空如也的米缸直叹气。小女孩攥着从鸡窝里捡的温热的鸡蛋，踮脚放进爷爷的粗瓷碗："爷爷吃，凤凤不饿。"爷爷背过身去，袖口轻轻拭过眼角，又把鸡蛋煮熟掰成两半，将蛋白塞进孩子嘴里，蛋黄碾成糊糊拌了野菜粥。

堂哥阿林蹲在路边，往小妹妹手里塞了颗皱巴巴的红枣："这是咱后山上的枣，可甜哩。来，试试你的小牙齿。"堂兄妹四人在爷爷的护佑下相亲相爱，一起长大。

一个雷雨交加的傍晚，小女孩蹲在门槛上看着雨水在青石板上汇成小溪，她正盼着姐姐放学回家。突然，一道闪电劈开暗沉的天幕，她慌忙往屋里躲，泥浆溅进眼里，她攥着湿湿的衣角吓得不敢哭，直到姐姐举着油纸伞跑回来，把妹妹裹在干净的粗布衫里，用井水一点点擦去她脸上的泥："别怕，姐在呢！"虽然父母不在身边，但有了爷爷和哥哥姐姐的守护，小女孩从来没觉得自己缺少点啥。

爷爷家的土坯房坐落在竹林边，堂屋正中挂着泛黄的匾额"忠孝传家"。在爷爷的心里："女娃家也要识字明理。"4 岁的荷凤在教导下，就能握着树枝，在沙土上歪歪扭扭地写下"人""口""手"……

1963 年夏天的一个傍晚，她还像往常一样在院子里玩耍，就听到姐姐风风火火跑进院子喊："凤凤，爸妈来接凤凤了，快来换衣服。"还没等姐姐将裙子套在擦洗干净的妹妹身上，仪表堂堂的父亲、风韵绰约的母亲已经出现在大家面前。此时父母调到另一个越剧团工作，小荷凤终于回到父母身边。

县城幼儿园的长条凳上，小荷凤常常望着窗外发呆——别的孩子都有父母按时接送，她却总是最后一个离开幼儿园。幼儿园陈老师家里没有孩子，她特别喜欢这个孩子："凤凤，要不要做陈老师的女儿？"小小的孩子攥着裙角不说话，直到母亲匆匆赶来，鬓角还沾着未卸的油彩，温婉地说："请老师见谅，今天演《梁祝》，散场晚了。"母亲是越剧团的知名演员，说话的声音格外好听。

母亲把她领回剧组后台，突然变魔术似的掏出一根红头绳："凤凤看，这是和祝英台戴过的蝴蝶结一样的头绳。"头绳，还有那鲜艳的小裙子、好看的小皮鞋，是母亲时不时给她的小惊喜。母亲把小荷凤打扮得干干净净、漂漂亮亮的，总觉得这样才能稍稍弥补她时常未能准时接孩子的小缺憾。

父亲一向比较严格，平时话不多，越剧团事情也多，所以没有时间去接孩子，但他跟女儿郑重承诺，要是她能在幼儿园戴上一朵小红花，就带她去拍一张照片。小荷凤还真是个争气的娃,不久就戴上了一朵小红花,父亲果然信守承诺,带她去了照相馆。那时候,拍一张照片哪有现在那么简单,那得是逢年过节,或者是生日、结婚等重要的日子,才会去照相馆拍照的。

后来,每每看到这张戴着小红花的自己与父亲的合影,黄院士总会想起堂哥手里皱巴巴的红枣,奶奶做的米糕,母亲买的小皮鞋……或许幸福就像一块糖,有着不同的品种和模样,却一样甜甜蜜蜜。从小就这么被宠爱着,她不算富有,但被关爱滋养。

小学课堂上,小荷凤的算术本总是写得工工整整。她尤其喜欢解应用题,那些关于分苹果、算路程的题目,像走迷宫一样吸引着她。

有一次数学老师生病了,小荷凤主动站上讲台,用粉笔在黑板上列出算式。底下的同学悄悄说:"黄荷凤算得比老师还快,好厉害呀!"小荷凤一点不骄傲,因为她一直记得爷爷的话:"女娃家也要识字明理。"

这些旧时光里的碎片,像散落的星星,终将在某个长夜,变为闪耀的银河。那时的她不知道,灶台前攥着鸡蛋的小手,有一天会握住手术刀;沙土上写"人"字的小手,将在实验室的稿纸上,画出生命的密码。她永远记得奶奶围裙上的艾草香,姐姐擦脸时的温柔……所有的爱与坚韧,早已在岁月里埋下伏笔,只待困难与坎坷突然降临那一天,成为取之不竭、用之不尽的成长动力。

(三)

1969 年,动荡如狂风骤雨般袭来,父母不能如平常一样每日回家。

12岁，豆蔻年华，好多花一样的少女还在妈妈的怀里撒娇；12岁，青涩雨季，好多云一样的少女还在童话书里编织梦境。12岁的她，不仅要当家，还要照顾6岁的小妹妹。姐姐们作为知识青年下乡了，家里就剩下两个孩子。12岁的小荷凤，自己还是个孩子，却在一夜之间长大了。

灶间飘散着潮湿的霉味。"没事，没事，慢慢会好的。"她隐约想起姐姐也是在这么大的时候，就可以把自己照顾得很好，她肯定也能照顾好妹妹。

早晨，她盯着菜摊上带刺的黄瓜，不知道如何开口。卖菜的阿婆往她手里塞了两根黄瓜："小囡，挑顶花带刺的，新鲜。"她捏着两根黄瓜往回走，一路想起妹妹眼巴巴等着吃饭的模样，不由加快了脚步。

铁锅烧得冒烟时，她才发现没有放油。黄瓜切得大大小小、歪歪扭扭，扔进锅里发出"刺啦"声，小荷凤自己也吓得后退几步。

妹妹在灶台边，眼睛盯着锅沿："姐姐，什么时候能吃饭呀？我饿。"

小荷凤咽了咽口水，强装镇定，微笑着说："快了，快了。"

浓烟呛得她直咳嗽，眼泪糊住睫毛。好不容易把黄瓜盛出来，却尝出苦涩味——原来没去蒂，也没削去皮。谈起这段往事，黄院士轻描淡写："那时候很节约，舍不得浪费一点。而且那个时候的黄瓜蒂是很苦的，现在的黄瓜不知道是改良了，还是品种不同，倒是吃不出啥苦味来了。"

妹妹咬了一口，皱起眉头："姐姐，黄瓜好苦啊！"

小荷凤盯着碗里发黑的黄瓜，看着妹妹紧皱的眉头，喉咙像塞了团浸水的棉花。她想起妈妈烧菜时总要在出锅前撒把糖，可如今糖罐子里早没糖粒了！

父亲留下的 15 元钱和几斤粮票，是姐妹俩一个月的口粮，哪里舍得浪费一丁点儿食物，小荷凤迅速抓起黄瓜蒂塞进嘴里，涩味从舌尖蔓延到心口："不苦呀，你看，姐姐都吃完了！"

妹妹将信将疑地又咬了一口，小荷凤转身去舀饭，锅底的焦饭刮得锅铲叮当响。怎么能当着妹妹的面掉泪呢？她仰起头，眨眨眼，只有嘴里的一丝咸苦告诉她，这就是生活的滋味，无论如何，都要撑下去。

妹妹抱着布娃娃站在灶台边："姐姐，以后我帮你烧火吧！"看见妹妹天真无邪的模样，想起妈妈说过"苦尽甘来"，她轻轻刮了下妹妹的鼻尖，柔声说："等姐姐学会做饭，给你做糖拌黄瓜。"

第二天清晨，她系着围裙蹲在河边洗黄瓜，指尖触到带刺的瓜皮，想起阿婆说的"顶花带刺"，她忽然笑了——每根黄瓜都有自己的脾气，就像生活，总要试过，才知道"去蒂削皮"的道理。

阳光落在水面上，将她的影子碎成金箔。新的一天，正从苦涩的黄瓜里，长出清甜的希望。一个人只要心中有希望，哪怕身处泥泞，也能仰望星空，也能脚踏实地把生活变成向往的模样！

（四）

寒冬来得猝不及防，雪粒打在供销社的玻璃上沙沙作响。

荷凤攥着攒了三个月的钱在球鞋和布鞋之间来回踱步。售货员有些不耐烦了，荷凤想起妹妹过冬时冻裂的脚后跟，把钱拍在"球鞋"那里。拿到鞋的瞬间，她摸了摸鞋底的纹路，想象妹妹穿上球鞋时的模样：自己在试鞋时故意把脚往后顶——这双 37 码的鞋，冬天塞一点棉花就能变成妹妹的棉鞋了，买大不买小，然后春天自己还能继续穿……鞋能穿越久越好，最好能穿一辈子。

人在什么情况下，才会产生这样的想法？

她蹲在结冰的河边洗衣裳。水冷得刺骨，她的手指冻得发紫，却不敢停下——妹妹还等着换干净衣服。突然，一块冰棱划破她的指尖，鲜血滴在青石板上，像朵小小的红梅。她把手指含在嘴里吮了吮，继续搓洗……

夜晚，妹妹早已睡熟，她坐在煤油灯下补袜子，钉纽扣；她的裤管短了，剪下父亲的上衣袖子接上，针脚歪歪扭扭，却异常结实。摇曳的煤油灯光下，她想起父亲临走前说的话："凤凤，你是家里的小大人了。"母亲说："一定要照顾好自己，一定要照顾好妹妹，一定要照顾好我们的家。"她牢牢记着父母的话。

开春时，她在院子里搭起鸡窝。每天放学，她都会绕到菜地里捡菜叶，用来喂鸡。有一次，好不容易攒了十个鸡蛋，想给父亲补补身体，却因为放得太久坏掉了。她看着发臭的鸡蛋直掉眼泪。后来，她把臭鸡蛋埋进菜地里当作肥料，也算是物尽其用了。

最难的要数带小妹妹了。白天她要去上学，把 6 岁的妹妹关在家里，妹妹几次独自步行五里地跑去奶妈家里。可奶妈家里实在揭不开锅，父亲留下的钱不够花呀，根本付不了奶妈的工资，怎好总给奶妈添麻烦。她只得带着妹妹一起上学，可又怕影响老师上课。她和同学一起抓来金龟子，用细细的线牵着，另一头绑在妹妹的红头绳上。妹妹拍着手追着金龟子跑，笑声惊飞了树上的麻雀。

夏日的葡萄架是孩子们的乐园，蝉鸣声浓稠得化不开。大人们不在家，孩子们自发组织起故事会。正讲到福尔摩斯追踪线索的紧要处，忽然头顶传来"簌簌"的响动。"蛇！"不知谁尖叫一声。碗口粗的花蛇从葡萄藤间滑落，在众人惊呼声中坠向地面。孩子们一哄而散，在泥地里踩出慌乱的脚印。小荷凤跟着跑出几步，才意识到身后没了妹妹的动静——6岁的妹妹还坐在原地，瞪大眼睛盯着那条正盘上她小腿的蛇。心脏在喉咙里狂跳，她转身时，蛇已经缠上妹妹的膝盖。"别动！"她本能地冲过去，蛇头扬起的瞬间，她伸手按住那冰凉的蛇身，胃里一阵翻涌。妹妹突然哭出声，蛇受到惊扰，张口咬向妹妹的手腕。荷凤咬牙将蛇扯下，甩向旁边的泥沟，动作快得像阵风。等大人们过来，她已经扯下围裙，撕成布条，缠好妹妹的伤口，这才惊觉自己浑身发抖，额头上全是冷汗，她毅然抱起妹妹，飞速往卫生所跑去……

现在，黄院士谈及当年的惊心动魄，仍会心悸，但每当她握着手术刀面对复杂的手术，或是在科研困境中辗转难眠时，总会想起那个夏日的葡萄架。她说，当恐惧如毒蛇般袭来时，总有些比害怕更重要的东西，让你不得不勇敢与坚强。就像当年那个浑身发抖却死死护住妹妹的小女孩，她永远记得，在没有大人依靠的时刻，自己如何用颤抖的手，扯断了毒蛇对妹妹的伤害。

勇气在心底扎根，如今已长成参天大树。无论是门诊、做手术，还是建立生殖医学实验室，在她为无数患者遮风挡雨，不断缔造生命奇迹之时，这棵大树一直相伴。

（五）

1972 年的蝉鸣比往年都要聒噪，荷凤站在房间的窗口，望着门外那棵老槐树出神。父亲被分配到文化馆上班，他的生活能力比较弱，照顾他的责任又落在她身上；母亲带着年幼的妹妹，去了乡下的供销社工作。

父亲在小院里修补皮影，阳光穿过他指间的牛皮，在地上投下斑驳的影子。窗外突然刮过一阵凉风，卷起墙角的落叶，也掀开了桌上那张剧团解散的公告。

远处传来县剧团旧址传来的锯木声，那里要改建成粮仓。母亲的戏服早已锁进樟木箱。曾经父母演 100 场戏，就在下面看 100 场的小戏迷，默默翻出课本里夹着的褪色的半张戏票，那是母亲最后一次登台演《梁祝》的票根。

窗外的老槐树沙沙作响，她忽然想到蒲公英，被风吹散时，每一粒种子都在努力寻找自己的土壤。

她望着父亲鬓角的白发，想起暑期下乡看望母亲和妹妹，母亲穿着褪色的蓝布衫，在供销社的柜台后给妹妹扎辫子的模样——曾经在戏台上舞起精彩水袖的手，如今只能握着算盘，拨弄着日子的琐碎。父亲、母亲、姐姐妹妹，还有她，虽分居四处，但各自安好就已经比之前的日子好几百倍了。

"姐姐，妈妈说等供销社发了粮票，就给你买新钢笔。"妹妹的信从乡下寄来，字迹歪歪扭扭，却让她鼻尖发酸。她知道，在这个剧团解散、父母被迫分居两地的夏天，有些东西正在悄然改变——就像她课本里的函数图像，在曲折之后，终将拐向某个清晰的方向。一家人，健健康康就已经很知足了。

厨房里菜刀与案板碰撞出清脆的声响，荷风系着围裙，把切好的青椒土豆丝倒入铁锅。煤油炉的蓝火舔着锅底，她握着锅铲翻炒的间隙，目光时不时瞥向墙上的挂钟。十二点十分必须关火，再过十五分钟必须骑上那辆锈迹斑斑的自行车，还有十五分钟必须到达教室。有一次，煎蛋时分神算错了时间，手忙脚乱间，滚烫的油星溅在手腕上，至今还留着淡淡的月牙形疤痕。

玻璃窗外的暮色正一寸寸漫上来，已经是晚上五点三刻，距离少体校晚间训练开始还有十五分钟。她抓起靠在门后的乒乓球拍，风风火火出门去。

这是她用三个月磨合出的精准时刻表。中午放学要赶回家，给父亲做午餐；傍晚放学，要给父亲做好晚餐，再去乒乓队训练，训练完回家，再晚也要回家洗碗。父亲将工资都交给荷风打理，要分一点给下乡的姐姐们，再要分一点给母亲和妹妹，余下的才是父亲和她的生活费，日子总是紧巴巴地精打细算，不能出一点差错。

清晨五点的菜市场还罩着薄雾，她已经在鱼摊前驻足。父亲辛苦了几年，面黄肌瘦、营养不良，母亲关照她要给父亲慢慢调理身体。

最近要参加省里的乒乓球联赛，那件永远带着汗碱白印的训练服早就褪色了。哎，哪有闲钱买比赛服呢？

"拿冠军就给你买新的。"父亲靠在门框上，好像看出她的心思。可他不管钱，哪里知道钱根本不够花。

那天她抱着球拍在阳台上坐了整夜，月光把球拍胶皮上的齿纹照得清清楚楚，像一排等待冲锋的士兵。妹妹的信里，夹着 5 元钱，那是母亲的关照"姑娘大了，去买条白短裤，别让人家说咱寒酸"。

父亲不知何时站在身后，手里提着个纸袋："听说你要参加省联赛了？"他掏出一双白色运动袜，袜边绣着小小的银球图案："上次你妈给的钱，我偷偷攒了点。"父亲永远没有更多的话。荷凤将新袜子塞进球鞋，球拍撞击乒乓球的声响，如此动听、美妙。

决赛那天，父亲破天荒地出现在观众席。他穿着他那件洗褪色的蓝衬衫，在荷凤扣杀制胜球时跳起来欢呼，声浪盖过了全场的掌声。

当荷凤和队友们举起团体冠军奖杯时，她看见父亲转身用袖口擦了擦眼睛。她知道，她一直都是父亲的骄傲！家里灯泡坏了，是她爬上去换的；水管堵了，是她搞来铅丝通的；父母不在家的两三年，是少年的她，撑起了家。

如今打开尘封的木箱，那张泛黄老照片总会滑落出来。16 岁的她，站在领奖台中央，运动服的裤腿短了半截，露出晒得黝黑的小腿。那是她整个青春期里，最接近梦想的瞬间！

母亲总说她遗传了姥爷的倔脾气。而她知道，在灶台、书桌与球台之间，在被藏起的球拍与燃烧的奖状之间，流淌着的是比汗水更浓稠的力量。被汗水浸透的训练服，暮色里飞驰的自行车，在生活挣扎中倔强生长的热爱，悄无声息地织成了她最牢固的青春经纬线，还有什么困难能难倒这位姑娘?

晚自习的铃声响起时,她摊开新的笔记本,在第一页写下:"1972年秋,读高中第一年……"

窗外的月亮升起来,照亮了她笔下的字迹。那些关于未来的想象,此刻还像初春的种子,带着青涩与倔强,在岁月的风雨里,悄悄埋下了破土而出的力量,那是永不熄灭的,属于青春的心跳。

(六)

1974年,黄荷凤高中毕业,在临安老家横畈中学担任了一学期的代课老师,随后又转至常山第三小学代课。1976年,她主动报名成了下乡知青,迎接她的,是低矮的土坯房和泥泞的乡间小路。

芒种时节的水田泛着青色的波光,黄荷凤赤脚踩进泥里,凉津津的泥浆没过脚踝,却遮不住小腿上密密麻麻的蚂蟥。它们像暗褐色的钉子,冷不丁就吸附在皮肤上,那种黏腻的蠕动,一想起就觉得鸡皮疙瘩掉一身。她握着秧苗的手顿了顿,一阵刺痛从腿上传来,低头一看,那东西正拼命吸血,原本扁平的身躯胀成半透明的囊。

她想起昨天收工后,同村大姐教她的法子:"别怕,用力拍,蚂蟥就掉了。"她咬住下唇,举起右手狠狠拍下去。随着"啪啪啪"的声响,蚂蟥终于掉在泥浆里扭成一团,腿上的血珠已经渗出来,在泥黄色的裤腿上泛开暗红的血印。

收工后,夕阳把她的影子拉得老长。回到知青点的土屋,她仔细查看,膝盖以下布满暗红的咬痕，有的还在渗血。蹲在井边打水时，凉风吹过伤口，疼得她倒吸冷气。

1977年10月的一个清晨，荷凤正在刷牙，广播里突然传来恢复高考的消息。牙杯"哐当"掉在地上，她跌跌撞撞跑向大队部。宣传栏前，她踮起脚看着张贴的文件，心跳得比打谷机还响，甚至还能清楚地听见血液在太阳穴里横冲直撞的轰鸣。

终于等到这一天了，终于、终于、终于！

复习的日子紧张而充实。白天，她在生产队劳动，晚上就在煤油灯下看书。数学公式记不住，她就写在纸条上，贴在灶台、床头、衣柜上。有一次熬夜太狠，她栽倒在灶台前，额头撞在铁锅沿上，疼得欲哭无泪。摸了摸肿起的包，她咬牙继续翻开书本。

时间十分紧张，她利用一切可以利用的时间。走在路上，她背公式、记单词；做饭的时候，她一边看着锅里，一边复习功课。为了能多一些复习时间，她甚至学会了一心二用。有一次，她在骑自行车回家的路上，因为专注于背公式，不小心撞到了前面的车，摔倒在地。她的手和膝盖都擦破了皮，衣服也摔破了，但她顾不上疼痛，爬起来继续赶路。

高考那天，她穿着补丁摞补丁的蓝布衫走进考场。拿到数学试卷时，她的手微微发抖，最后一道大题，竟是她在煤油灯下反复演算过的题型。笔尖在考卷上沙沙游走，整个世界只剩下纸上的数字和符号。

放榜那天，她站在公社门口的红榜前，指尖划过一个个名字。"黄荷凤"三个字出现在第二排！

她握紧拳头，屏住呼吸，大颗大颗的眼泪禁不住往下落……终于、终于、终于，终于等到了这一天！她抹掉眼泪，看着远处的青山，突然想起奶妈说过的话："凤凤，你是要飞出去的金凤凰。"

路过的老乡拍拍她的肩："妮子，出息了！"

1978 年 9 月，黄荷凤背着铺盖卷走进浙江医科大学（现为浙江大学医学院）。迎新队伍里，有同学指着她衣服上的补丁窃窃私语，她却昂首挺胸——

解剖课上，福尔马林的气味熏得人头晕目眩，可她拿解剖刀的手却稳如磐石。有一次做兔子解剖实验，同组同学不敢下刀，她接过刀，轻声说："别怕，就当是给生病的小兔子治病。"刀锋落下时，眼神变得温柔而坚定。

图书馆成了她最常待的地方。每天清晨，她总是第一个等在图书馆门口；深夜闭馆时，她才踩着月光回宿舍。

当她穿着白大褂站在浙江医科大学的跑道上，手里攥着新发的钉鞋时，她忽然想起那个打赤脚的冬天，想起泡在水田里的知青生活。跑道旁的梧桐叶正簌簌落下，她弯腰把钉鞋脱下，认真地摆在跑道外侧，赤脚站上起跑线。哨声响起时，脚底的触感让她恍惚回到年少时光——那时她踩着碎石和泥地，背着妹妹走过无数段没有路灯的夜路，脚底早已磨出最坚韧的茧。

"女生怎么能打赤脚跑？"男生的议论声被风卷走。

她迎着秋日的阳光奔跑，她听着自己的心跳声盖过脚步声！

远处教学楼的玻璃映出她的影子，那个曾在补丁与赤脚中辗转的女孩，此刻正带着岁月馈赠的坚强与勇气，在属于自己的独一无二的赛道上，跑出最轻盈、最绚烂的青春。

暮色降临时，她坐在操场边擦汗，看见妹妹寄来的信里夹着张照片——当年的那双球鞋早已穿不下，却被妹妹刷得雪白，摆在老家的窗台上。阳光透过玻璃，在鞋面上织出金色的网。

（七）

毕业后，黄荷凤选择了妇产科。产房里，新生儿的第一声啼哭，总能让她想起奶妈家屋檐下的风铃。有位农村产妇难产，她守在产房里整整两天两夜，终于迎来了婴儿的啼哭。产妇握着她的手泣不成声，她轻轻擦去对方额角的汗："孩子平安。"

1990年，她赴香港学习试管婴儿技术。实验室里，英文资料像座大山压得她喘不过气。她每天只睡四个小时，对着镜子练习英文发音，镜子里的她眼底青黑，眼神却越来越亮。

如今，已是院士的她回到常山，站在当年的剧团旧址前，耳边仿佛又响起奶妈唱的摇篮曲。

黄院士嘴角上扬，眼中泛起泪光——那个在泥地里摔破膝盖的小女孩，终于长成了能为更多人遮风挡雨的大树。

现在，黄院士不只是新生命的迎接者，更是改写生命序章的"设计师"——在胚胎植入前遗传学诊断的精密操作中，她带领团队筛除数百种致病基因，让"健康"提前写入生命剧本。

那些曾因家族性遗传病黯然神伤的夫妇，握着黄院士递来的"健康胚胎报告"时，触摸到的不仅仅是一张纸，更是她用数十年光阴锻造的"生命盾牌"，将遗传的阴霾挡在新生命之外。

随着试管婴儿技术日趋成熟，并被广泛接纳和应用，已经帮助成千上万的家庭圆梦，这对一个家庭来说真是天大的事。黄院士听到的每一声新生儿的啼哭，都是生命的呼唤，是半个世纪前埋下的希望在科学沃土上结出的最丰硕的果实。

黄院士说自己一辈子只是个妇产科医生。她先后在浙江大学医学院附属妇产科医院、上海交通大学医学院附属国际和平妇幼保健院及复旦大学附属妇产科医院任职，为三家医院在规模建设、人才梯队构建与核心技术攻关等关键领域的系统性提升作出了卓越贡献。然而，她的事业远未尽于此。她将继续秉持执着、坚韧、永不言败的科学家精神，带领团队深耕"胚胎源性疾病"机制研究，致力于重大疾病的源头控制，为减少出生缺陷、提高人口出生质量而奋斗。

风起了，黄院士轻轻拂过鬓角的白发，素绢翩跹若凤仪。那些在苦难中埋下的种子，在岁月的浇灌下，开出了璀璨的生命之花。

樊 嘉 院士

他有一双在手术台上游刃有余的手，
为肝病患者带来生的希望

樊嘉，中国科学院院士，肝肿瘤外科学家。他主要
从事肝胆肿瘤临床诊治及肝脏移植、肝癌转移复发机
制及转化研究，在肝癌临床诊疗技术上有诸多创新。

"铁人"院士的品格是怎样炼成的

陈苏

无影灯下。

弯血管钳、直血管钳、扁桃体止血钳、蚊式止血钳、鼠齿钳、短镊、长镊、短密克斯脱、长密克斯脱、甲状腺拉钩、阑尾拉钩……各种手术器械泛着金属的冷光。

监护仪匀速发出"滴、滴"的声音。

患者腹部被打开的瞬间，手术室的气氛骤然凝固，7厘米的肿瘤凸出在肝脏表面，随时有可能破裂！

先切除病灶，再剥离病肝！手术帽和口罩之间露出的双眼，透出专注而坚毅的眼神。止血，换上供体，缝合血管……那双灵巧修长的手娴熟而果断地操作。

已经10个小时了。坚持，坚持，再坚持。

当樊嘉终于脱下手术服，窗外已是旭日东升，朝霞为医院抹上了一层金色。他长长地舒了一口气，艰险复杂的手术成功了，他和团队在手术台前奋战了12个半小时。

那是 2001 年 4 月 17 日清晨，樊嘉完成了由他主刀的第一例肝移植手术。

他知道，这才仅仅是开始。为了让病人能迎来更多的日出与日落，作为医生，他还有很长的路要走，认定的路就要一步一个脚印地走下去。如同从小到大，背着书包走在泥泞的乡间小路上，高中毕业穿行在机修车间，考入南通医学院（现为南通大学医学院）后在校园小径上苦读，而后在医学之路上不断前行，从南京铁道医学院（现为东南大学医学院）的硕士到上海医科大学（现为复旦大学上海医学院）的博士，学成后每天在中山医院奔忙，在肝外科领域的崎岖道路上艰辛跋涉……每一步既是时代使然，又是自己的选择。

（一）

"和如今孩子丰富多彩的童年相比，我的童年生活有点平淡。"在樊嘉院士位于中山医院 10 楼的办公室，刚忙完工作的他接受了采访，略显疲惫的脸上露出轻松的笑容。

打开记忆深处的童年画卷，樊嘉印象中画面的背景总是在流动。

樊嘉小学五年级那年冬天，又搬家了。这次搬到离镇上十多里的解放大队，他也转学到大队的小学。这是一所三个大队合办的乡村小学，教室四面漏风，课桌是用几块板拼起来的，凳子还要自己带。不过不管环境如何，只要有书读，樊嘉就很满足，认认真真地学。

第一次搬家是听家里大人说的。那时樊嘉才蹒跚学步，跟着赴苏北支援的父母，从江苏昆山来到盐城大丰县（今江苏省盐城市大丰区）。那是 20 世纪 50 年代末。再早些时候，父母都在南京工作。大丰东临黄海，地处长江和黄河入海泥沙长期淤积而成的滨海平原。如今的麋鹿之乡大丰，60多年前还是一片荒凉的盐碱地，沿海的滩涂杂草丛生，生活的艰辛可想而知。

在樊嘉心目中，曾经在江苏省建筑设计院工作的父亲头脑很灵，没读过数学专业，但凭着在南京大学听过课再加上自学，成了当地高中的数学老师。在报社工作过的母亲，就在同一所学校教语文。家里有6个孩子，父母早出晚归，实在顾不过来。孩子们的生活主要靠奶奶照料。樊嘉排行老三，从小乖巧懂事，很少要大人操心。

第二次搬家，一家人从大丰县城搬迁到了新丰镇。到了入学的年龄，樊嘉就在新丰小学上学。在那个物质匮乏的年代，学校的设施很简陋，黑白的课本很简朴。父母没有过多的关照，唯一的叮嘱就是"好好念书"。樊嘉把父母的叮嘱记在心里，上课时黑亮的眸子总是注视着老师，做作业一丝不苟。无论是语文还是数学，他都学得很轻松。

小学五年级的冬天，那是第三次搬家，一家人来到真正的农村。苏北冬天的冷，冷到骨子里。全家借住在公社的一间仓库里，又冷又暗，墙边还堆放着玉米。没什么玩具，下课了，男孩子们在一起，不是玩弹弓就是斗鸡、摔跤，或是追逐嬉戏。在一群打打闹闹的男孩子中，樊嘉显得很文静，但顽皮孩子都不敢惹他。不仅是因为樊嘉学习成绩好，而且好像没什么能难倒他。他弹弓打得好，打架轻易不出手，但一出手三下两下就把人制服。一次，看到两个高年级的"皮大王"在欺负小同学，樊嘉并不怕他们人高马大，上前厉声呵斥。"皮大王"不把这个白净文气的小男孩放在眼里，气急败坏地扑过来。樊嘉不慌不忙，等他们近前，冷不丁腿一伸，一个绊子把其中一个摔了个嘴啃泥；手在另一个肩膀上一搭，一使劲就把他甩到了身后。从此"皮大王"们领教了他的厉害，不得不服他。

回想起那一幕，儒雅的樊嘉院士笑容里有一丝小小的自豪。我仿佛看到一个爱打抱不平的男孩，浓密的头发根根直立，文静的外表下透着顽强。

那年春雨绵绵，一连多日大地仿佛被硕大的雨帘笼罩。一天，只听"轰隆"一声，刚造了没几个月的房子，一堵墙竟然塌了！那墙是用茅草根和泥巴垒成的，经不住连日雨水的侵蚀。这可把樊嘉父母愁坏了，在这个地方要造新房子太不容易了。他们所在的大丰东部靠海，大都是盐碱地，泥土缺乏黏性，做不成砖。父母费了好大劲，从西部的砖窑买来砖头，然后通过水路运过来。船到岸的那天，樊嘉一大早就起来了，和兄弟姐妹一起，帮着大人拉板车去岸边，搬砖的搬砖，推车的推车。一家人辛辛苦苦把砖一车一车运回来，然后再请泥瓦匠师傅打地基，一点一点把房子造起来，全家这才安顿下来。

当时没有多少课外书可读，童年为樊嘉打开的是一部乡村生活的大书。他比同龄人有更多的阅历，目睹更多的世事变迁，小小年纪就体会到了生活的艰辛。这份艰辛对一个孩子来说，似乎有点沉重。但回望过去，樊嘉觉得，也许正因为年少时经历了艰辛，以后再苦也不觉得苦了。苦难酿成了一笔受用不尽的财富，并练就了他坚韧的意志。

（二）

11岁的樊嘉匆匆走在放学回家的路上。从解放大队小学到家有三四里地，下过雨后，本来坑坑洼洼的泥路就更不好走了。

哥哥姐姐在镇上读书。樊嘉想着赶紧回家帮奶奶做家务。他回家放下书包，就拿起扁担去挑水。他们住的地方没有水，要到附近的池塘挑水。

水缸满了，该为家里的猪准备"营养餐"了。在农村，猪可是全家人的宝贝。然而，当时人都吃不饱，猪就更没有什么可吃的。从小就爱琢磨的樊嘉，想着要让猪心情愉快，吃得多，长得快，用馊的、烂的饲料喂猪可不行。平时打猪草，他宁可多费点工夫去找鲜嫩的猪草。他从一本书上看到过，看上去脏兮兮的猪，其实很爱干净。于是，他打了猪草会先在池塘里漂洗干净，回家在砧板上切均匀后刮进桶里。接下去就是技术活了，他舀出适量麦麸倒入桶里，再舀几勺温水倒入，开始捣麦麸。先顺时针方向捣几圈，再逆时针方向捣几圈，不稀也不稠，不冷也不热，猪草与麦麸青黄相间，比例刚刚好。樊嘉像完成了一件杰作，这才满意地提起饲料桶向猪圈走去。"开饭啦！"他一声招呼，几头猪争先恐后地拱过来，以欢快的"吧唧吧唧"声回应小主人的辛勤劳动。在樊嘉的精心喂养下，家里的猪胃口大开，日长夜大，有一头猪一个月长了45斤！

樊嘉凡事都爱琢磨，种自留地、烧灶膛，他都干得有模有样，除草也是一把好手。村里男孩子到了十四五岁，就去田里劳动、挣工分了。通常，男孩子和妇女一起干些除草、平地这样的轻活。暑假里，樊嘉跟着大妈们到棉花地里去除草。大妈们抢起锄头就干，他却不急着下锄，而是先琢磨怎样除草能又快，又不伤及棉花植株，还松了土。找准角度一番巧干，那些杂草纷纷成为他的锄下败将。等他直起腰来一看，嘿嘿！自己早已遥遥领先，把那些大妈甩到了后面。乡亲们对这个清秀的少年刮目相看。

当然，樊嘉更多的是把爱琢磨的劲用在学习上。初一时，教他们班数学的老师刚从苏州师范学院毕业回乡教书，喜欢启发式教学。有一次上课，他抛给同学们一个问题：你们都知道 15×15=225，25×25=625，可是你们想过其中的规律吗？同学们有的挠脑袋，有的摇摇头。这时下课铃声响了，同学们像出笼的小鸟，一拥而出。只有樊嘉没有动，好像压根儿没听见铃声。这两个乘法算式的规律究竟是什么呢？他还在琢磨。他在纸上写写算算，忽然一拍脑袋，有了！只要十位数加"1"后乘以十位数本身，最后加上两位数 25，不就对了吗？比如 35×35，即（3+1）×3，再添上 25，答案就是 1225，以此类推。真是有趣的规律！

如今已成为中国科学院院士的樊嘉，依然清晰地记得当年的情景。这道题今天看来并不复杂，但以后无论遇到多大的难题，爱琢磨成了樊嘉的制胜法宝。在他看来，一位科学家最重要的精神就是善于思考，善于发现问题、解决问题，而自己思考能力的磨炼，源自年少时爱琢磨的习惯。

（三）

对于从小到大获得无数个"第一"的樊嘉来说，1973 年那场考试的"第一"，意义非同寻常。那个年代，农村的孩子大都初中毕业就去务农了。樊嘉初中毕业时，当地试行高中入学推荐和考试相结合的方法。樊嘉考了全公社第一名，这才有了上高中的机会。

住校生活很清苦，从家里带一罐咸菜常常要吃一星期。正是长身体的时候，常常肚子饿得唱空城计。但这些并没有影响樊嘉学习的积极性，他如饥似渴地阅读仅有的书籍，有什么就看什么，各科成绩始终名列前茅。

从新丰中学高中毕业，同学们都在等着分配工作。樊嘉不想闲在家，就去工地做小工。虽然每天只有一元工钱，多少也可以贴补家用。起初工头看到这个清秀的年轻人，担心他能否吃得起苦。几天下来，樊嘉在工地上搬砖、和水泥、运沙子，样样干得出色。到了收工时，他累得像骨头散了架，不过每天的锻炼雷打不动。单杠、双杠、杠铃、吊环，是他从小到大坚持的运动。后来举重时不慎扭伤了腰，他才辞了工在家休养。这段时间，他看完了家里所有的书，最吸引他的是《钢铁是怎样炼成的》，"人的一生应当这样度过……"背诵着保尔·柯察金的名言，有一种力量在心中激荡。

多年以后，在顾不上吃午餐、啃几片饼干充饥的门诊间隙，在结束了几台连轴转的手术疲惫不堪的时候，樊嘉觉得，青少年时代那份执着的坚持是多么值得。

在苏北大片的盐碱地上，棉花是适宜生长的主要农作物。不久，樊嘉被分配进了淮南纱厂工作。这是一家具有光荣历史的大厂，曾是新四军的军需生产基地，在当地人们心中，俨然是苏北的"南泥湾"。

那一排排日夜响着轰鸣声的纺织机，令樊嘉感到新奇。起初，樊嘉被安排做"粗壮工"，干些运送纱卷的粗活。摸不到机器，樊嘉虽有几分失望，但他并不抱怨。不久，厂里组织学徒工培训，专门请来了无锡的纺织工程师、技术员，樊嘉学得格外认真。一个月后，培训成绩发榜了，织布车间300多名学徒工中，理论和操作考试的第一名都是樊嘉！这个心灵手巧的年轻人立即引起了领导的注意，他被安排到了机修班。

这下，樊嘉喜欢琢磨的劲有了用武之地。冷冰冰的机器，在他眼里仿佛有了生命。上班时，他琢磨各个部件的功能，查找发生故障的原因；下班了，他看纺织机器的相关图书，写机修日记，刻苦钻研机修原理。没多久，樊嘉就成了机修班副班长。半年以后，师傅修不了的机器，樊嘉都能搞定。当时樊嘉并没有想到，自己这双修机器驾轻就熟的手，有朝一日会拿起手术刀治病救人。

年轻的心渴望更加广阔的天地，当恢复高考的消息传来，樊嘉看到了新的努力方向。机修工上班"三班倒"，没有时间上补习班，他决定自己看书自学。每天下了夜班，他在晨风中骑自行车回十多里外的家，上午睡觉，下午看书，傍晚又赶到厂里上班。

在当了两年四个月的机修工后，樊嘉踏进了南通医学院的校门。虽说当初他考医学院纯属偶然，只是想着家里有个医生挺好，但毕业留校在病理科工作两年后，他清晰地听到了自己内心的声音——成为一名外科医生。

从南京铁道医学院毕业并获得硕士学位后，他如愿以偿站上手术台成为一名外科医生，并很快显示出超凡的悟性。他发现，手术器械和曾经用起来得心应手的锉刀、锯子、扳头等，不无相近；以前常琢磨使用锉刀、锯子时肘关节的弯曲度，也为做手术如何摆好架势打下了基础。

渐渐地，一个新的念头又开始在樊嘉心中跃跃欲试。一次，在上海当医生的同学来看樊嘉，樊嘉向他打听："上海外科医生中最厉害的是哪位？""上海医科大学汤钊猷教授呀。"老同学回答。樊嘉记住了这个名字，暗暗下决心报考汤教授的博士研究生。外科医生工作繁忙，他白天上班晚上复习，没有请过一天假。直到他接到录取通知，同事们才知道他要去上海深造了。

一路走来，樊嘉感慨，人生的每一段经历都是有意义的。他的人生并没有刻意设计，但每个重要的方向又都是自己设计的。没有设计的设计，那是多么智慧的人生哲理！当你无法改变环境时，你能做的就是适应环境，凡事尽自己最大的努力。无论上学、养猪、除草、修机器，还是做外科医生，他都力争做到最好。

（四）

这一次，樊嘉把肝外科作为自己的突破方向。

几十年前，患了肝癌几乎等于接到了死神的邀请函，人们谈肝癌色变。而中国的肝癌发病率又很高。樊嘉师从有着"肝脏一把刀"之誉的余业勤教授，又深受汤钊猷院士肝癌综合治疗理论的影响，这种特殊的学术传承模式使他兼具精细外科技术与前沿科研视野。

上海的盛夏，室外三十七八度的气温，热得人头昏脑胀。实验室里，樊嘉和他的同事全副武装，汗流浃背地做实验。本世纪初，我国肝移植手术起步不久，对中晚期肝癌患者来说，这是肝切除之外的另一手术诊治方法。刚从美国匹兹堡大学肝移植中心学成归来的樊嘉，一心想着赶紧练兵，平日工作忙，他就周末带领团队在动物身上反复实验。当时十万元一套的恒温装置太昂贵，舍不得买，大家只能因陋就简。实验室里热得像蒸笼，非但不能开空调，还要吹热风，给开膛破肚的小猪升温。他们取出一头小猪的肝脏，经过修整移植给另外一头小猪，还必须把肝脏上的每一根血管都缝合起来。哎呀，小猪出血太多，心律失常，赶紧从健康小猪身上采血，再给手术中的小猪输血……

熟能生巧，反复练兵才有了 2001 年 4 月的首战告捷。二十余年来，樊嘉一路披荆斩棘，成为肝外科顶尖专家。这是个"技术活"，肝脏上的一根根血管细如发丝，缝合血管犹如在头发丝上雕花；也是个"力气活"，手术台上一站就得十几个小时。樊嘉以高超精湛的技术，挽救了一个又一个生命。这和他多年勤学苦练分不开，也得益于他从小磨炼的坚韧意志。

由于肝源往往是晚上送达医院，多年来樊嘉习惯了这样的日常节奏：夜深人静走进手术室，天光微熹时回家休息，上午查房准时出现在病房，还有门诊、开会等各种工作，每天处于超负荷、高强度状态。

走上领导岗位后，樊嘉依然坚持每周看专家门诊。一天近中午时分，有位大嫂风尘仆仆地闯进诊室要求加号，这可让樊嘉的助手犯了难："今天樊教授专家门诊号快 60 号了，他下午还要去北京开会……"大嫂说自己是从东北赶了一夜的路过来的，这时，正在给其他病人诊治的樊嘉侧过头来说道："给她加号！"这天，看完门诊已下午近 2 点了，樊嘉吃了几片饼干就匆匆赶往机场。

都说医生工作繁重，当看到"每周工作 100 小时，个人每年 600 多台手术，最多时一天主刀 20 台手术"，你会不由对被誉为"中山第一铁人"的樊嘉深感敬佩。他还带出了一支"铁军"，率领团队在肝癌早期诊断、新药研发、治疗技术等方面不断突破，创造了一项又一项的骄人纪录。

但，这些在樊嘉看来还远远不够。

作为外科专家，樊嘉认为医生不仅要有高超的技术，还应当成为医生科学家，去解决临床上的难题。作为中山医院的掌门人，樊嘉经常琢磨医院的发展，他有一个情怀，国产医疗设备应当跻身世界高端医疗设备之列，改变以往被国际大公司垄断的局面。

说起全球首台近两米长的正电子发射断层–X线计算机断层组合系统（PET-CT），樊嘉如数家珍，深邃的眼神里透出自豪。作为尖端医学影像技术，PET-CT如同探测疾病的"火眼金睛"，但以往其扫描范围一般在30—40厘米，一个成人做完全身扫描要40分钟，因为要分好几次才能完成。自从2019年这台超长仪器在中山医院进入临床应用，患者全身扫描可一次成像，4分钟左右就可完成"高清纪录片"，且只要用以往十分之一左右的造影剂，安全性大大提高。如今这款国产医疗设备已"扬帆出海"，进入国外市场。

（五）

在普通人看来，外科医生似乎总有几分神秘。但与樊嘉院士近距离接触后，你能感受到这位"六边形战士"的另一种"多面"。在中山医院同事们的眼中，他是"中山第一铁人"，几乎全年无休，手术台上沉着冷静，理性果断，不断突破手术"禁区"。

在众多的患者心中，他是宅心仁厚的大医，内心温暖谦和，手中有刀，心中有人。

晨晨初看是一个瘦小的五六岁女孩，其实她已是花季年龄。她患有先天性肝糖原累积症，病魔把她折磨成"袖珍女孩"。当晨晨父母听到樊医生用肯定的语气说，肝移植能挽救女儿的生命，他们重新燃起了希望。但手术费用不菲，晨晨父母想方设法凑足了手术款，其中有多年积蓄，有单位补助款，有学校捐助款，还有一笔是一万元未署名的爱心捐款。女孩父母多方打听，才得知是樊嘉把刚评上全国先进工作者的奖金，悉数捐给了晨晨，他们感动不已。

农村姑娘小于一直珍藏着一个红包。当年她带着家里仅有的 1600 元现金来看病。经诊断，她病情危急，需要马上进行肝移植。可是，这点钱怎么够呢？为难之时，樊嘉坚定地说，治病要紧，别的以后再说。后来，樊嘉想方设法帮小于解决了医疗费用。为了安慰她，樊嘉还打趣地说："小于呀，等你病好了，结婚可别忘记我呀。"没想到，5 年后小于姑娘结婚时，樊医生还真托人带来了红包。术后第 10 年，她生下一个健康的女儿，樊医生又来到病床边送上祝福。

小朋友都害怕吃药打针，更何况还要开刀。安徽来的 7 岁男孩又哭又闹，连父母都拿他没办法。这时，樊嘉停下匆忙的脚步，在男孩床边坐了下来，柔声讲起了故事。听着听着，男孩挂着泪水的脸露出了笑容。出院后，男孩回到学校还当上了班长。每次来医院例行检查，他都快乐得像是回到了家。那一幕永远镌刻在他幼小的心灵：有一位穿白大褂的医生叔叔，在他最无助的时候，温柔地坐在他的病床边。

"不是每个医生都可以成为神医的，但至少先要做一个良医。"樊嘉是这么说的，也是这么做的。有些重症病人别的医院不敢收治，他总是说，再给生命一次机会吧。他看专家门诊从来不限号，宁可自己的下班时间成了问号，因为他知道很多病人是从外地赶来的。

那么，樊嘉院士是如何看待自己的呢？"从修机器到修人，最大的不同就是，机器修不好可以修第二次，但人的生命只有一次，这也许就是我从医的初心吧！"他谦逊地称自己是"过渡人"，医学上的难题，可能还需要几十年甚至上百年去攻克，中国未来更大的发展，还要靠年轻人创造。

"保持热爱和执着，能够不断地追求真理，用充实和成长来点亮自己的生命。"这是樊嘉院士为中学生做科普讲座时的寄语，也是他成长之路的写照。

樊嘉院士的双手白皙、修长。这是一双勤劳的手，养猪、除草样样在行；这是一双灵巧的手，修机器得心应手；这是一双在手术台上游刃有余的手，为无数患者带来生的希望。

正如此刻，樊嘉院士 10 楼办公室的窗外，冬日暖阳熠熠生辉。

葛均波 院士

他以侠骨仁心，

闯荡医者之路

　　葛均波，中国科学院院士，心血管病学家。他长期致力于推动中国心血管疾病临床技术革新和科研成果转化，创造了多个心脏病诊治上的"全国首例"。

侠骨仁心的大医

任哥舒

（一）

一个阳光明媚的午后，我去医院采访葛均波院士。怀着焦躁心情忙于奔波的病人和家属们在医院的走道、电梯里拥来拥去，大家似乎都有一种陷入浩瀚海洋的茫然感。人群中也有不少医生的身影，时不时也被挨挨挤挤地堵着，很是无奈。是呀，医生也需要用电梯，也需要有路行走。但葛均波院士常跟他的同事或者学生们说，我们尽量把电梯让给病人们吧，尽可能把院里的资源、便利让给病人。

各人眼里映出葛均波院士略有不同的身影：

在国际医学界同行眼里，葛医生第一个发现了心肌桥特异性超声影像学诊断指标"半月现象"，是公认的世界级心血管病专家。

在国内各医院心内科医生眼里，葛医生是我国心脏病诊治领域前沿技术的推动者，他成功完成了多项"首例"手术，创造了历史。

在无数心脏病病人和家属眼里，找到葛医生就等于找到生的希望……

这是一位为医治病人而不停奔忙的医生。听到他的故事越多，越能感受到他的"侠义之骨"和"仁爱之心"。

那么，在葛均波院士自己眼里，他是怎样的呢？他毫不犹豫地说："我们在世界上遇到的每一个人，其实都是凡人，包括我。一个人取得了成绩之后，他一定还有不少缺点。最重要的是一个人要学会善良，我觉得。"

一个人，要学会善良。

（二）

葛均波院士的思绪回到家乡的村子里。风在乡野上吹拂，河水一层一层荡漾起波浪流向远方。这里是少年葛均波和小伙伴们玩耍的天然游乐场，孩子们在河边爬树或者扔泥巴、石子玩耍，大人们司空见惯。小均波是孩子头，小伙伴们跟着他"冲锋陷阵"。有时候玩"嗨"了，泥巴四处横飞，换来几声大人的责骂，但这些责骂在孩子们听来并不怎么刺耳，他们该爬树还爬，该扔泥巴石子还扔，跑东跑西玩得好不痛快。

直到有一天，小均波遇上一件事情，改变了他的想法。

那天，孩子们又玩上了"抬轿子"的游戏。大家用粗树枝把小均波抬起，晃晃悠悠地在野地里四处游走。坐在"轿子"上的小均波东指指西指指，孩子们就"遵命"把他抬来抬去。前几天下过大雨，河水上涨，水漫石桥，本来小伙伴们想过桥，可是桥面上河水横流，踩上去滑溜溜的，况且小桥根本没有栏杆，大家赶忙退了回来。

此时，小均波注意到河边有一位挎个大竹篮的大娘，站在那里迟疑不决地望着对岸。这个大娘看上去很为难，眉间却又十分焦急，她肯定是急着过河。看到大娘很小的鞋里裹得小小的脚，小均波想，如果大娘就这么踩着湿漉漉的石桥过河可真危险啊！

小均波把长裤脱下往脖颈上一挂，要把大娘背过河去。可是大娘犹犹豫豫的。小均波索性朝她身前一蹲："我背您过去。您的篮子先放下，等一下我再帮您拿过去。"大娘想了想，实在是急着要过河，就把一大篮子东西往地上一放，双手搭在面前这个孩子的肩上，趴到了小均波的背上。尽管心里还颤悠悠的，可她对这孩子虽不高大但沉稳的脊背已有一种踏实感。小均波背起大娘，一步一步挪着过了桥。胜利！成功！放下大娘，小均波又走回去，提着大篮子过桥："大娘您拿好。"

大娘很感激这孩子，问他是哪家的。"哦，我知道你家。你不能叫我'大娘'，我可是你的曾奶奶哦！你爸爸也要叫我奶奶呢！"小均波抬脸看看"曾奶奶"，蹦蹦跳跳又和小伙伴们玩去了。这天，他总觉得心里似有一股阳光透出亮来，让他高兴。

回家时，小均波怯怯的，尽管玩时很开心，可回到家里挨一顿训是常有的事。但这天奇怪，奶奶面露喜色，父亲母亲也都笑容满面地望着他，弟弟妹妹们则露出了敬佩的神情。小均波不知所措，呆立在屋中央。

父亲问道："你今天是不是背一个大娘过河了？"母亲接着说："人家说你将来会很有出息呢！哈哈。"

大家脸上都笑盈盈的，小均波这才舒展开眉头，心里也乐开了花。"有出息"，这是大人对孩子多么不容易的一个夸奖呀！父亲最后又跟他说："以后遇上这种情况，还是要注意安全。桥上有水，就不能随便过桥，何况你还背着一个大娘，哦，是曾奶奶，我都要叫她奶奶呢！"小均波点点头，听进去了，他也觉得很后怕，万一过桥时踩空了掉进河，那可糟了！

很多年以后，葛院士和朋友闲聊，说起这件事，朋友中间有一位把家乡的红高粱写得全世界都知道的作家也喜欢这个故事，这位作家遇上了高僧星云大师，又把这故事讲给星云大师听了。后来，星云大师和葛院士相遇，这个故事又传送了回来，好有意思呀！一个孩子的一件事被大家这样认可，几十年后还有人在这样传扬着……

是呀，小时候一件"好人好事"，能让一个孩子一直走在向善的路上。给孩子鼓励，给孩子正面的教导，是葛均波一贯的主张，小时候的这件事情，就像一颗种子在他心里发了芽，现在长成了人生路上一棵参天大树。

（三）

小均波有一个令人羡慕的家庭。奶奶善良、长寿，幸福地安享晚年；父亲母亲相濡以沫几十年，勤劳持家、恩爱美满；小均波和弟弟妹妹们从小受到长辈的呵护、疼爱，在好家风的耳濡目染下学习为人之道。这是一个敬老爱幼的家庭，让大家由衷地敬重，还被推举为"全国最美家庭"。

母亲从嫁进葛家起就是一个受长辈喜爱的好媳妇。奶奶不幸病瘫在炕上后，朴实敦厚的母亲又精心照顾奶奶一千多个日日夜夜。母亲准备了一张大椅子，时常背起奶奶走到家门口，把奶奶安放到门口处的大椅子上，让奶奶坐在那里呼吸新鲜空气，随心地望望看看，和路过的人们说说话，这样，奶奶就不会无聊地困守屋内。等到奶奶在门口"耍耍"一段时间之后，母亲又背奶奶回到屋里的炕上躺下。奶奶有三个媳妇，母亲是最小的媳妇，母亲总认为自己最应该服侍婆婆，因为她年纪最轻，相对而言身子强一些，气力壮一点，两位嫂嫂年长些，力气也就弱一些。母亲总想着自己能够多做一些就多做一些。这些情景让儿子女儿们看在眼里，记在心上。在这样有爱的家庭里，父母对长辈润物细无声的爱，深深地影响着孩子们。

那年，葛均波前往德国深造，母亲记得，出家门之前，儿子实实在在地对她说："妈妈，服侍奶奶这么多的日子，您辛苦了！我一定会加倍报答您。"这发自内心的话语让母亲动容，父亲也为这个好儿子而感觉幸福，沁出的泪水湿润了他们的眼眶。人只要有这样的拳拳爱心和温暖之情，不论走到哪里都会圆圆满满、顺顺利利，克服一切困难，取得人生的成功。

父亲对孩子的要求就是，希望他们把帮助别人视为自己重要的责任。父亲说，选择职业就是要考虑"为人民服务"，能够帮人解除伤病的痛苦，是为人民服务中很实际的一件事。父亲很支持均波学医。

（四）

葛均波的小学生活是在村中家庙一间简陋小学里度过的，一年级坐第一排，二年级坐第二排……以此类推。老师们、乡亲们把石板架起来就搭成了课桌，椅子是没有的，需要每个学生从家里带来，小板凳每天抱去抱回。但在这里，孩子们得到了老师的教导。

葛均波长大以后，总想着要为村里这个小学做一些事情。他二话不说，便捐出 20 万元钱。那时，这些钱可以造一所"希望小学"。可是他没想到，汶川地震之后，校舍的建造标准提高了，20 万元不够建造他设想中的新校舍。

葛均波很沮丧，一次和朋友闲聊中说起了这件事情。这事被一家公司的老总知道了，他说："葛医生，这不是你做的事情，是我们该做的事情。"于是爱的"藤蔓"连接到了方方面面，不久，许多捐款汇聚而来，加上葛均波的 20 万元，共有 100 多万元。这个小学建造起当地最好的校舍，大家都想来这里上学啦！葛均波开心地露出了笑容，父亲母亲也十分自豪。

当年的小均波当然不会想这么远，他只知道背曾奶奶过河的事情传到学校，老师也夸奖了他。从那天起，设在家庙里的小学让小均波觉得有意思起来，暗黢黢的课堂感觉明亮了，太阳亮晃晃地照得他心里暖洋洋的。他学习更有劲头，各种活动冲在前面，成绩不断地进步，原本就是个活泼的"孩子头"，这下在同学中更有号召力了。很快他被老师任命为学习委员，不久，他还担任了班长。

今天，葛院士已经取得了许多成就，但是他觉得，背大娘过河的那个时刻，是点燃他人生现在这片明亮光芒的关键一刻。

"一个孩子，能在懵懵懂懂的时候就遇上被人夸奖的事，知道做了什么事会叫人开开心心的，那么，这孩子就会一直顺着这条道走下去。所以，如果想要一个孩子优秀，希望他善良，你必须给他夸奖，让他顺着光明的那一面前进！"

（五）

因为时代的原因，葛均波少年时想要看书，是很困难的事情。孩子们到处找书看，葛均波甚至爬上家中屋梁，把父亲挂在那里的一个包取了下来，从里面找到一本叫《孙悟空》的书并看得津津有味。家里大家还会时常在一起讨论，这个字读什么，那个字读什么。比如说葛均波看到书上有"孙悟空踏着祥云"这句话，不知道"踏"字怎么念，他就问母亲和父亲。母亲只读过三年书，许多字不认识，但她还是很乐意和孩子们一起来读书认字。在这样的家庭氛围中，四个孩子个个都有出息。

在那时候的条件下，书都是想方设法借来看的，所以葛均波练就了快速看书，还书，再从同学这里借书的本领。有了那本《孙悟空》，这下好了，就可以拿去跟同学们换书看了，葛均波好不高兴！

艰苦的岁月铸就了这一代人坚强的性格。当时在学校住读，一个星期6天的伙食就是54张煎饼，每顿3张，一天9张，6天54张。星期三就把佐餐的咸菜吃光了，后面几天只能就着白开水咽下已经干硬的煎饼。油水无从说起，在发育的关键时刻没有足够的营养。

不要问那时喜欢吃什么，只能问那时能够吃到什么，因为大部分食物——现在觉得平常的食物，那时都是吃不到的，比如香蕉。有一次老师在家中搭伙，为了保证伙食，家里特意买了一支香蕉给老师吃。老师立刻用这支香蕉上了一堂水果课：这就是"香蕉"，快来看一下颜色，闻一下香味。当时的葛均波连香蕉"是吃皮还是吃瓤"也搞不清。那时他才小学四五年级，应该正是对零食、水果以及生活中的万千食物都非常感兴趣的年龄，可是许多好吃的东西他都不知道，没有品尝过，甚至没有看见过。

当时的生活就是这样艰苦。葛均波凭借努力学习、发愤图强的劲头，憧憬未来。他带着这样的劲头走出家乡，走向世界。

（六）

出生于山东的葛均波浓眉大眼，身材魁伟，有古之"侠客"气概。确实，他是一位胸怀行侠仗义之胆气的当代医者。他有许多身份：全国政协常务委员、九三学社中央委员会副主席、中国科学院院士、博士生导师、复旦大学附属中山医院心内科主任等。他最在意的，是"医生"这个身份。不少熟悉他的朋友，直接称他为"侠医"。少年时的葛均波爱看武侠书，爱习武。武侠小说中的剑影刀光令他兴趣盎然，读着这些除暴安良、行侠仗义的故事，他心里升腾起豪情壮志，给他的成长平添了激荡之力。小小少年感受到一种召唤，跟随书中侠士们披荆斩棘前行，憧憬着增加自己的胆识和智慧。

回忆自己少年时习武的目的，他笑言："我觉得练好了武术，跟欺负人的家伙打架也有底气。"他甚至说："我看到路上有人受欺负，便忍不住想要去帮忙。"少年葛均波和乡亲们一样，为侠义精神而喝彩。他练一种名叫"炮拳"的武术，而且练得非常认真。

"炮拳"，顾名思义，这种拳术就像战场上的炮弹一样有力而迅捷。"炮拳"首推"开门炮"，然后辅以"冲天炮""连环炮""沉底炮""回身炮"，"炮""炮"连环。喜欢练习这种武术的人们都觉得"炮拳"能够在实战中占得先机，这也符合葛均波的心意。他以一个鲁地少年的豪爽气魄，以自己的一副热心肠，闯荡医者之路，用自己的热诚帮助他人。

近年，葛院士在全国两会上提出了"保护见义勇为者"的议案；他还认为，医生就应该像侠义之士一样，要勇走坎坷之途，敢于冒险，敢于在医疗的风险中一步步开拓进取。

（七）

少年葛均波学骑自行车时不慎摔倒，跌断了胳膊，虽骨头接好了，手臂却依然没法正常活动，他甚至不能自己吃饭，拿在手的东西放不进嘴里。家里人都非常着急，他也一直沉浸在极大的痛苦中。家里人找来各式偏方，有鸽子、鸡等会灵活振翅的家禽，也有葫芦、南瓜、丝瓜……这些都吃了，可都不见效。胳膊受伤使均波感受到一个人在伤病中挣扎的悲伤和无奈。父母带他到处求医，最后问到附近的县里有一位老中医可能有办法治疗。他们带着希望老天开眼的心情，虔诚地来到老中医这里。

那位老中医给均波喝了一碗药，又在他胳膊上排摸了一阵，终于，老中医把孩子脱臼的胳膊复了位。

因为治疗时有些痛，葛均波痛出了泪水；更因为感谢，他双眼充满泪水。被医治好后感受到的幸运和舒畅，使他更能理解父亲对他说的"要学医""为人民服务"，从此，他对弱者、受难者、伤病者、无助者……就更有一种关切同情之心了。

他看着老中医诊室里进进出出的病人和家属，他们来时或痛苦不堪或忧愁无限，走的时候人人都面带喜色，如果能做一个这样的医生，一个技术高超的医生，是多么好的事情！

葛院士为自己的医生职业自豪，但是他也为无法挽救每个病人的生命而难过。他在儿科工作的那些年，目睹不少患有先天性心脏病的孩子因为错过了早期检查和最佳诊疗时间而去世，看着家长们痛哭流涕，他为自己难以帮助他们而痛心疾首。此后的日子里，葛均波考进上海的医学院读博士，他希望自己能更好地行医救人。

（八）

做外科手术有两个重要的条件：一是要做手术的器官不能动，须保持静止；二是动手术的那个部位不能有血液等遮挡医生视线的障碍物。心脏是个不停跳动着的器官，它涌出的血液又会不断地影响医生的视线，要做心脏手术，就不得不遇上外科手术的两个"大忌"。葛均波之所以能成为诊治心脏病的大医，是因为他总是迎难而上、勇闯"禁区"。他创下了多个"首例"。没有前人敢去做的事情，他做了；前人没有做成的事情，他尝试着去做，成功了；需要花费很多工夫去发现的医学奥秘，他去努力钻研了……就像"半月现象"，就像血管介入治疗的"逆向导丝技术""主动迎客技术"，诊治疾病的过程中，大家都会十分谨慎，而葛均波常常会二话不说就投入其间。这是他与常人不同的地方，他有这样的胆量，更有这样为人解忧解困、热心贡献自己一份力量的精神。如果我们问，这位大医究竟是怎样养成的，那他少年时代热心待人的点点滴滴就是他的根本，是他成长的基石。

敢于挑战，是葛均波院士一路披荆斩棘勇闯心血管病"禁区"，开拓出心内科新天地的法宝。他坚定地说："不要害怕失败，也许一个新的发现就是从失败中产生的。""医学的进步一定是充满风险和不确定性的，而我们能做的就是不断创新，做好准备，去迎接新的挑战。"

他心中揣着病人的安危，沿着被人视作险地的征途奋力前进，开创了一个又一个行医"高招"。

葛院士认为，医者也应该如武侠小说中的侠者那般，在崎岖中走出一条闪耀神奇之光的险路。

葛院士常会娓娓地讲述他铭记的那些世界上真实的故事和人物，既惊险又吸引人：有在自己身上动刀插入导管，径直通到心房的医学院学生，这样的"壮举"被严厉地批评，然而事实上这对心脏病的治疗起到了重要的驱动作用，由那开始，治疗心脏病的"险招"或"壮举"纷至沓来；有医生把导管插入教材上严令禁止的心脏血管，并往里注入了造影剂，虽然那是一次误操作，但是从此催生了心脏血管的造影技术，人们可以在照片上一目了然地看到血管是怎样的；还有人把空心小球放入血管，从而撑起了因血栓堵塞变得狭窄的血管，现在大家都了解了这种"搭桥"的诊疗方法……

在一代又一代医者的努力下，随着一个又一个诺贝尔生理学或医学奖的诞生，治疗心脏的手段和方法在不断地进步，而今葛院士也带着他的专业成果屹立于世界医学之林。他在心脏病手术治疗中有多项世界级、国家级的"首例"纪录，这一段又一段风险之路，一次又一次医疗创举，是那么令人敬佩。他曾操刀非常凶险的"主动脉瓣置入术"，这是国内的首例，手术的前一晚，他也曾辗转反侧，难以入眠，但他始终有一股勇往直前的劲，第二天，他的"背水一战"又成功了。

曾经发生在高空飞行中的一件事情，让大家又一次记住了葛均波的侠义和果敢。那天，他和往常一样，想在飞机上小憩一下。飞机已经飞行了 4 个小时，离目的地美国还有很长的路途。突然，机上的扩音器响起："飞机上有乘客突发心脏病，有哪位医生能够前来救助？"飞行途中的救助，需要花费很多精力，还要担负很大风险，能够挺身而出的人，必定是不计较得失的。葛均波迅速收起面前的小桌板，挺身而出，自告奋勇去乘务员那里报到。

那位乘客不久前刚做了心脏手术，在飞机上心脏疾病突然发作。机组人员面临着艰难选择：再飞行 4 个小时折返国内，还是继续飞往目的地美国？

这一刻，葛均波拿出了自己的果断。他为病人做了仔细检查之后，说："没有关系，有我在，我会一直陪伴和护理，我们能够安全到达目的地。"他这话让大家舒了一口气，但是，葛均波自己却承担着极大的风险。在他的细致检查和亲切陪护下，那位乘客终于安全到达目的地，全飞机的人这才完完全全松了一口气。

葛均波带着惯常的自信微笑下了飞机，迈着化解险情之后既疲惫又轻松的步伐，带着自己的行李一路前行。这就是视自己的得失为小事、带着侠骨仁心奔波在人生道路上的一位医生。

（九）

葛均波少年时代得到的爱和亲眼所见的爱的表达，让他将爱——这样一种由人的内心闪耀而出的光芒，深深地印刻在心里。他离家外出几十年，始终与家乡的亲人们遥遥相望，心心相印。

母亲的那种爱的温柔和父亲的那种爱的教诲，时刻在他心头，他对父母、弟弟妹妹的牵挂越来越强烈。他每年都会回家乡看看，把自己对家乡的爱投注在每一件小事上，比如陪母亲说说话，陪父亲坐坐。

一天，一位八十多岁的老人从很远的地方赶来上海，打算安装心脏支架，在葛均波这里被挡住了！葛医生开门见山对她说，您不需要安装支架，您这个情况完全可以在医治之后顺利平安地回家生活。这让病人和家属都为之一怔，还有点不高兴。但是葛医生既亲切又耐心地对病人说："如果您是我自己的妈妈，我也会这样说。"这让病人和家属恍然大悟，消除了不快，一家人感激不尽。

对期待到葛医生这里就诊的病人们来说，葛医生仿佛是一个遥遥难及的存在，而真的和葛医生面对面时，却会发现他就似一位亲切的朋友，或许他还会蹲在你身边，询问你的病情，查看你腿上、脚上的病变。所以，没见到葛医生和见了他之后，完全是两种感受。

实实在在爱护所有病人的葛医生，最想做的事情是劝说人们用健康的生活方式维护自己的健康。他主张打太极拳锻炼身体。在一次国际心血管疾病学术会议上，他带领近百位同行专程来到陆家嘴滨江公园，在那里摆开了打太极拳的阵仗，声势浩大。

做一台手术就是跋涉一段艰辛的路程。作为一名医生，要经历各种各样的险境，失败肯定在所难免。但面临失败的那一刻，葛医生会拼命争取一线光明。如果这时候从手术室里传来旋律悦耳的口哨声，同事们不会觉得奇怪，因为那是葛医生放松的一种方式，他在尽力调整自己的情绪，努力去挽救病人的生命，决不轻言失败！

他爱穿改版的中山装，称此为学生装，这套服装把他生气勃勃的劲头都衬了出来。他时刻记着家乡给他的恩情，对家乡人民心脏病的治疗非常上心。家乡建起了一所心脏病医院，他十分高兴地受邀担任了那里的"定海神针"，如有需要就毫不含糊地奔赴家乡。

他的胸口别着一枚红红亮亮的徽章，问起这枚徽章的来历，葛院士说："这是我家乡日照心脏病医院的徽章。"他很自豪："我们那个医院现在已经发展得很好了。"他一直把这枚徽章别在胸口，表达对家乡医院的珍爱。亮亮的徽章与他脸上的笑容交相辉映。

呵，少年时吹拂过的那清爽的风、照耀过的那明亮的阳光，一直陪伴着葛均波院士，给他力量和信念。

赵宇亮 院士

他投身纳米毒理学研究，
只为造福人类健康

赵宇亮，中国科学院院士，化学家。他主要从事纳米生物效应分析与安全性研究，创建了中国第一个纳米生物效应与安全性实验室。

手掌上的星光

任哥舒

"我们小时候，每天清晨的空气，都像是刚被夜雨清洗过一样新鲜。夜晚的星星，似乎伸手可摘，闪烁着神秘的光芒。大自然是孩子们的乐园，好奇心在大自然的神秘中得以保留，人最宝贵的力量——创造力，像田地里的禾苗，享受着自然的雨露阳光，不需人为揠苗助长，它们却总是在合适的季节，向阳而生，苗壮成长。"

中国科学院赵宇亮院士如是说。

（一）

赵院士小时候的成长环境与现在孩子们的成长环境，差异很大，那时，家长们忙于生计，由着孩子随季节成长。

孩提时的故乡夜晚，夜空中总是闪耀着明亮的星光，映照着脚下的小路。夏天的夜里，孩子们经常一起在星空下游玩，有流星划过的夜空和有蛙鸣虫唱的夜色总是很神秘，孩子们就常会蹦出一些奇特有趣的想法，人最宝贵的想象力和创造力，就这样在无拘无束的成长中得以形成和强化。

现代社会信息爆炸，孩子们每天接收到的信息量很大，所以，现在的孩子们知识面广，思维敏捷，很多孩子初中时的知识储备已经及得上那个时代的大学生了。但是，信息获取"快餐化"也容易导致孩子们的知识"碎片化"和"粗浅化"。与此不同，赵宇亮在孩提时代，拿到一本书总要翻来覆去地读上好多遍，每一遍都会有新的发现、新的收获。通过阅读汲取的知识有系统、很深厚，能够挖掘到知识那口"井"中很深的层面。

（二）

那时的赵宇亮和小伙伴们经常在田野里自由自在地奔跑。在春夏的太阳底下，孩子们会产生奋起跳跃向阳成长的欲望，这孕育着不懈努力争取茁壮生长的生命力量；在秋冬树林间呼啸而出的凉风中，孩子们会因为冻得微微发抖而努力奔跑，这锻炼着会让他们产生奇思妙想的健硕神经。

孩子们常常沉迷于自己造玩具来玩，一个"造"字让人看到了他们的豪情。能够"造"些什么呢？他们造泥土蛋子，泥土加水搓圆了，就是一个个弹珠，晒干之后就可以玩了，趴在地上互相瞄准着"开战"。他们还用镰刀在泥地上挖几个小坑，一个正儿八经的打弹子场地也就造成了。孩子们靠自己"造"的玩具和自己"造"的游乐场地，玩得不亦乐乎。

那个时候，没有幼儿园，也没有学前班。"3 岁左右，爷爷开始教我认字，都是繁体字。"赵宇亮院士说，"爷爷喜欢读书，收集了好多线装书，有《三国演义》《水浒传》《说岳全传》《西游记》《封神榜》……不过都是繁体字。在上小学之前，我把爷爷收藏的那些书都看完了。"

在赵院士的印象里，爷爷温文尔雅，性格温和，做事不急不慢，说话声音不高不低，有主见。"爷爷是一个很传统的老人，为人处世很有修养，见到谁都彬彬有礼，说话轻言细语，不管对大人还是孩子都从不高声说话。遇到什么事儿，总是先反省自己，很少责怪别人。就是这么一位很典型的乡村老人吧。"赵院士充满温情地回忆道。

爷爷平时并不怎么干涉孙子们的生活，但一直习惯身着长衫的爷爷，以自己特有的儒雅气质影响着孩子们。爷爷说"勤奋是最好的智慧"，这句话让赵宇亮一直铭记在心。他勤奋阅读，从爷爷收藏线装书的小山村出发，直至走向世界，始终不曾忘记。

（三）

读初中时，赵宇亮的语文老师每周都会布置几次很特殊的家庭作业：给五六个成语，让同学们用这几个成语写一篇短文。老师为了不束缚每个同学的思维，不干扰每个同学的独立思考，他要求每个同学短文题目自己定，内容自己定，体裁自己定，目的就是培养同学们的创造力。赵宇亮每次都把老师布置的成语认认真真地记下来，当天夜里一定会完成这篇短文的写作，第二天早上一到教室就交给语文老师。渐渐地，他发现自己成了一个"文学少年"，这为他以后在自然科学方面的写作打下了很好的文字功底。直到现在，他偶尔空闲时还会把文学这个爱好拾起来，比如"五一"一大早，他写了一首题为《五月》的诗：

五一迎初夏，

新燕入旧家。

凭阑诗酒意，

五四正年华。

赵宇亮所读的初中是民办中学，简称"民中"，是从村里小学抽调几位老师成立的初中学校。当时的教学条件非常艰苦，黑板和课桌椅全是石头做的，冬天里的教室"四面来风"，冻得老师和孩子们瑟瑟发抖。

当赵宇亮考进重点高中白塔中学（四川省南充市白塔中学）时，他的入学成绩在全班 53 人中排第 41 或 42 名，并不起眼。

但入学以后，因为"有公心"，赵宇亮被同学们推举为班长。他热心班级服务工作，对待同学友善。作为班长，他督促自己要为同学们作一个表率，他认真学习，用了一年时间追赶，在第一学年期终，他的成绩终于进入年级的最前列。

那段时间，他每天学习到很晚。遥望夜空，赵宇亮感觉自己抬手可以触摸明亮的星光，并由此在心里播下了追逐光芒的种子，这颗种子一直默默积蓄力量，最终在未来的岁月里开花结果。

赵宇亮院士说，那个时候老师和学生的关系也是一生的美好记忆。为了追赶上学习成绩，有段时间他想学习到更晚，但是学校到点统一熄灯，他只能站在路灯下看书。政治老师就比同学们大几岁，他得知这件事后，主动把自己办公室的钥匙交给同学们，让同学们可以在办公室里学习。这不仅加深了学生对学习的热爱，而且让学生对老师产生了更深的崇敬。在师生关系和谐美好的氛围中，学习不是一种沉重的压力，而是一篇师生共同为之拼搏努力的如诗如歌般美妙的协奏曲。

人生，只要心有光芒，具备活跃的求知欲和创造力，坚持前行，不忘初心，迟早硕果有成。正如赵宇亮的一首诗（赵院士称之为自画像，他曾将这首诗送给过多位科学家朋友）所言：

平生尽所有，

不问何所求。

揣怀天地情，

成就满心收。

（四）

大学毕业后，赵宇亮被分配到中国核动力研究设计院工作，这是一个肩负国家使命的"三线"单位，在深山沟里。因为居住区离实验室比较远，所以需要有人住在实验室里值夜班。赵宇亮自告奋勇，每天晚上独自一人住在实验室大楼一楼的一间小屋里值夜班，一住就是三年，夜里常常能听见远处传来的野狼嚎叫声。从大学校园到大山深处，从城市的青春洋溢到山野的沉闷寂寥，适应新环境需要一个过程，但不变的是，他从小养成的认真做事、努力工作的习惯。

有一次，研究室领导安排赵宇亮为同事们讲化学课，赵宇亮思索了一下，拿起桌上的化学元素周期表，决定就从这个元素周期表开始讲。他以从小养成的做事习惯，去图书馆找了一大堆与化学元素相关的图书资料，仔细地进行梳理。在这样的深度备课中，他将知识溯源至化学元素的起点，发现了许多以前没有想到过的问题，例如，无论是生命体或是非生命体，构成宇宙的所有元素都可以放在这张化学元素周期表中，不同的物质或物品，都脱胎于这些化学元素，只不过结合方式不同……这张化学元素周期表，有点像小时候读过的《西游记》里如来佛的手掌，一切尽在"掌"握之中，太神奇了！赵宇亮激动不已，他想追根究底：宇宙中究竟有多少种化学元素？是有限的还是无限的？元素周期表会一直延伸吗？有无尽头？如果有尽头，会是怎样的情形？现有的周期律能涵盖所有元素的化学性质吗……这些问题在他心中闪烁。这可能为他在若干年后和日本科学家团队一起发现 113 号化学元素钅尔（Nh）播下了科学探索的种子。

在化学领域之外，赵宇亮还花了大量时间学习外语。工作、生活在非常偏僻的深山里，他也不知道外语学来有什么用，不承想这恰恰给他的人生带来了新的机遇。有一年，院里决定派一个人出国学习，举行英语考试，赵宇亮获得了第一名，被单位派往日本学习，为科研开启一扇新的大门。

在那里，他遇到了自己的导师中原先生，他问中原先生，怎样才能按时毕业拿到博士学位？中原先生说："只要你做一件以前别人没有做过的研究工作，就可以毕业了。"中原先生这句话成了他科研的努力方向：做没有人做过的事。

科学研究就像人生，有不同阶段。初级阶段的科学研究像在"闹市区"，跟着走，总是容易的，因为，前面有人带路，旁边有同伴，热热闹闹，让人感觉自己在昂首阔步。赵宇亮说，科学研究的后期是进入"无人区"，孤零零一个人独自走，这是最难的，因为，前面没有引领，身旁没有同伴，冷冷清清，让人感觉自己身处在无边的旷野。

作为一位科学家，赵宇亮院士不跟风、不追热点。他看准一个目标，始终坚持，"独步"于他的科学研究领域——纳米材料的毒理学研究，志在探索和引领。

（五）

2001年回国，赵宇亮想再做一件别人没有做过的研究。他完全放弃了以往的科研方向和研究领域，从核化学转入纳米科技领域，开启了纳米毒理学的研究。他最早提出并开展纳米材料的毒理学性质研究，让我国在这方面的科研工作在世界上处于领先地位。由他领衔，美、日、英、德等11个国家的科学家共同撰写纳米毒理学领域的第一本教科书 *Nanotoxicology*（《纳米毒理学》），在国际上产生了重要影响。当时就有美国专家评论：在一个新出现的科学研究领域，由中国科学家牵头带领多个国家的科学家撰写世界第一本专著，这样的例子以前还很少。

目前，赵宇亮院士正在探索用纳米尺度的材料基元设计制造纳米机器人，用它递送药物到肿瘤细胞里，以高效低毒的智能化纳米药物造福人类。比人体细胞还小的纳米机器人，可以通过血管缓缓地被注射进癌症病人的体内，然后精准投放药物到肿瘤细胞生长的部位，或是将肿瘤细胞侵袭处切除，这个神奇而又充满颠覆性的创新研究工作，正在与临床医生合作，稳步推进。

纳米技术的最大特点就是"小"，把原来我们肉眼可见的零部件做"小"到纳米级，做成我们肉眼看不见的尺寸，再组装起来。例如，我们今天使用的智能手机，就集成了 100 多项纳米技术，如果没有这些纳米技术的发展，人类社会就不可能出现智能手机，因为，使用传统的零部件实现与现在手机同样的功能，需要造一栋大楼那样高大的计算机。科学发明带给我们人类的，是能够切身体会到的便利。

赵宇亮院士团队研发的"可注射纳米机器人"只有 200 多纳米大小，相当于一个细胞的二十五分之一甚至百分之一，可以用针头注射到血管里。纳米机器人的形状根据用途的不同，会有各种变化。他们发明的首款纳米机器人，有点像一个高铁车厢，有车门，车门上有作为"锁"的分子，可以打开和关闭车门；车厢里面可以装上药物；车厢两头接上可以驱动它的分子，它就可以在血液里行走；车厢上面连接了能识别肿瘤细胞（有如"车站"）的蛋白分子，它可以找到肿瘤细胞，车厢到达预定的"车站"就能停下来；靠站后，车门打开，"乘客"——就是预先装好的药物——下车，释放到肿瘤细胞病灶部位进行治疗。完成任务之后，这个车厢能被降解，排出体外。赵宇亮院士的讲解充满想象力，对先进科学技术做出形象生动的描述，却又保持科学的准确性。

纳米机器人如何进入人体，将在哪个部位停留，停留多少时间合适，如何让纳米机器人顺利进入肿瘤细胞内，能否按照预先设计的程序实施治疗，实施治疗以后的纳米机器人如何降解，如何代谢，如何排出体外，纳米机器人用什么样的材料制作会更好，什么样的尺寸会更好，什么样的形状会更好……这是令人花费无数心力的工作，同时又是让人感受到无比神圣的事业。"通过我们的科研努力为人民带来健康，是国家的需求，也是我们科研人员的责任。"赵宇亮院士说。

　　春节，回家乡看望父亲时，他常常会站在家门口透过除夕的夜色遥望长空，回想星星熠熠生辉、伴他的想象力自由飞翔的童年岁月。每当此时，赵宇亮院士无比怀念爷爷，爷爷的那句"勤奋是最好的智慧"，始终是他勉励自己的座右铭。

马余刚 院士

他在原子核的世界里，

探究碰撞产生的美丽景象

马余刚，中国科学院院士，核物理学家。他长期从事重离子核物理实验与唯象研究。

"孩子王"与泥巴块

简 平

（一）

二月底，新学期开学。

走进复旦大学江湾校区，寻找一号交叉学科楼，那里面有核物理与离子束应用教育部重点实验室，还有复旦大学副校长、中国科学院院士、核物理学家马余刚的办公室。

虽然还是冬日，但主干道上都是年轻的学生，不管骑车还是走路，一个个都意气飞扬，给沉郁的冬天抹上了青春的亮色。

一号交叉学科楼通体浅白，立面是一方方的石块和一根根的圆柱，有着拱形连廊，看上去气派而时尚，似乎寓意着这所大学在前沿科学和跨学科研究上的探索。

楼与楼之间有个广场，当中铺设的地砖形如硕大的指南针，两边宽阔的绿地里，一些植物需要防冻，被黑布裹了起来，有一些泥巴溢出到了走道上。

从走道边停放的自行车旁经过时，或许会碰到几块泥巴，用脚尖一踢，一块泥巴会碎裂成好几片，向四周滚落。

一瞬间，久远的童年场景或许会浮现在许多人的脑海中。

（二）

生于 1968 年的马余刚，祖籍浙江宁海，但他出生和成长的地方是余姚。

其实，宁海和余姚相距并不很远，而我的老家是奉化，这三个地方都是宁波市所辖，于是，老乡相见，分外亲切。

都说宁波人的性格既内敛又开朗，既细腻又豪迈，马余刚院士就是最好的诠释，他很质朴、低调，但也很热情、自信。

余姚的地形南高北低，北面有平原且靠海，因而比较富裕，南面系丘陵山地，经济上相对比较薄弱。马余刚说，他家就在南面，是个叫晓云乡东岗村（现为鹿亭乡东岗村）的村子，有着连绵的山丘，以前的确相当贫困。

马余刚一家六口，父亲是中学老师，母亲在家务农，他是家里的老二，上面一个哥哥，底下两个妹妹。一家人的生计全靠父亲一人微薄的工资，虽然经济拮据，住的是见得着椽子的瓦片屋，但父母很坚定——每个孩子都得上学。用父亲的话说："既然我苦了一世，穷了一世，没有什么钱财给你们，那还是在知识上、文化上筑起高楼大厦吧！"

马余刚的哥哥比他大四岁，所以在学习上被父母盯得更紧。作为家里的老二，小小年纪的马余刚自觉地帮父母承担一些家务。

平日在乡中教书的父亲有时住在乡镇，而母亲，特别是在冬日里，得上门到别人家里去做裁缝。上门做裁缝要整整一天，母亲关照马余刚照看两个妹妹，别让她们饿着。马余刚起灶做饭，开始时，只是把红薯干焖焖热，后来，他做起了"实验"——油炒红薯干。

油贵，不敢多放，他学着掌控剂量，用最少的油炒出最好吃的菜。

锅里的油加热后，发出"滋滋"的声响，马余刚瞅着时机将红薯干倒进去，然后用锅铲不断地翻炒，不能炒糊炒焦了。

不一会儿，香味弥漫开来，不用叫，两个妹妹已经坐好，等着哥哥端菜上桌了。

这个时候，马余刚格外开心。

马余刚还常常去地里与父亲一起干些农活。

他家地里种了不少蔬菜，在父亲的指导下，加上他又是一个上心的孩子，马余刚把每一样蔬菜的"前世今生"都搞得明明白白。什么时候松土，什么时候落苗，什么时候浇水，什么时候除草，他心里清清楚楚，俨然是一个小小"田间管理家"。

回家一做完作业，马余刚就往地里跑。他穿着一双胶鞋，弯下身子，在田垄里摆弄这摆弄那，当他走出田间，晚霞已落在他的肩头。

他看了看鞋子，沾着不少泥巴，于是，他蹦跳起来。

这是甩泥巴吗？

是，是甩泥巴，但也是顽皮："我可喜欢跟小伙伴们打泥仗呢！"

（三）

马余刚就在村里读小学。

他比村里的同龄孩子早一年上学。在小伙伴们眼里，马余刚很了不得，有学问，加上他个头高，长得壮实，大家都愿意和他玩，跟在他身后跑。

马余刚成了"孩子王"。

浓眉大眼、目光炯炯的马余刚的确有号召力。

"冲啊！"刚刚放学，才出校门，马余刚便扔了书包，一声大喊。

他像个司令一样，指挥小伙伴们玩起打泥仗的游戏。

小伙伴们学着马余刚的样子，也扔了书包，往前冲去。那真是又刺激又快乐。

在马余刚的带领下，小伙伴们分成两队，站在一块农田的两边，农田的当中划出一条中线，无论如何，双方都不能越过中线攻击对方，这是一种安全保障。

时值秋收过后，稻谷已收割完毕，只有扎成一束束的稻杆趴在田里。这时候，田里的泥是半干半湿的，用这样的泥捏成泥巴块打泥仗最为合适。

马余刚一声令下，泥仗开始了。

小伙伴们在各自的阵地里，捡起泥巴，捏成泥巴块，使劲地扔向对方。

你扔我，我扔你。

一边扔，一边躲。

小伙伴们趴在稻杆堆的后面，那是天然的屏障，利于防守。

伴着大呼小叫，战斗越来越激烈了。

有人抓起稻杆束，拔出底下的泥块来；有人干脆连稻杆束带泥巴，整个直接当作"炸弹"扔向对方。

哇，飞着的泥巴块拉出了一条条令人眼花缭乱的射线。

一旦泥巴块被击中，碎片飞溅，那是一种轻盈的碰撞。

马余刚敢于冲锋，而且速度极快，人家才扔出一块泥巴，他已三块齐发。忽然，他发现对方实施"各个击破"，于是，他索性站了起来，把对方的目标引向自己。他越战越勇，很快就占据上风，在他的掩护下，其他队友加速进击，逼得对方连连后撤："不玩啦！不玩啦！"

"冲啊！"

马余刚又是一声大喊，所有的小伙伴跟着他冲出农田。

他们的衣服上全是泥巴，连头发和脸上也沾上了不少泥土灰，但他们难掩快乐，开心地大笑着，笑声传出很远很远。

马余刚一边奔跑，一边摸着口袋里揣着的泥巴块。

刚才，就在激战的时候，他突然想到了一个问题。

（四）

马余刚朝家里奔去。

他没顾得上擦去一身的泥，一下子坐在屋门口，从口袋里掏出泥巴块来。

他发现，这是两块不同的泥巴块。

一块扔出去后，很容易就散架了，一团泥巴碎成无数小块。

另外一块扔出去后，却很坚硬，不容易散架。

这是怎么回事呢？

这时，母亲看到马余刚一脸泥土灰，知道他又去打泥仗了，让他赶紧回屋洗洗。

但马余刚像是没听见一样，站起身来，满地寻找，不一会儿，就找来了许多大大小小的泥巴块，然后在门前摆开了阵仗。

别看马余刚是个顽皮的孩子，可他爱动脑筋，这不，他正琢磨着呢。

他拿起一块块的泥巴块，让它们相互碰撞，反反复复地进行比较。

母亲叫了几次了："吃饭啦！"

马余刚头都不抬："等一下！"

"饭都凉了，吃了再弄！"

"弄完再吃！"

山里的天暗得早，而且夜色更浓。

"都什么时候啦，天都黑了！"

"再过一会儿！"

马余刚已全然投入。

几次三番的实验，让马余刚得出一个结论——

捏得紧一点的泥巴块，互相碰撞后不太容易散架，所以打泥仗时，扔出去的时候可以用力一点，击中目标的可能性更大；而捏得松一点的泥巴块，容易散架，甚至有时刚扔出去就碎了，"弹道"看上去不是一条线，而是四散飞溅，击中目标时早已没有多大劲，松松垮垮。

在星光点点中，马余刚走回屋里，饭菜早已凉了，可他心里却热热的。

那天，父亲从山沟里的中学回家来。每次回家，他都会挑上柴禾，赶十多里的山路。

母亲跟马余刚说："你把屋门前的泥巴块收拾一下吧，免得你爸爸知道你放了学打泥仗，不好好做作业。"确实，住在隔壁的一个小伙伴因为打泥仗被他爸爸揍了一顿，小伙伴屋里屋外地躲着、逃着，搞得鸡飞狗跳。

马余刚不相信父亲会揍他，因为他想好了"理由"。

果然，父亲既没有揍他，也没有责备他，当马余刚将自己对泥巴块的"研究发现"告诉父亲时，父亲反而露出了赞许的目光。

父亲跟马余刚说，这是一种物理现象。

这是马余刚第一次听到"物理"这个词。

好玩的是，这时，哥哥也走了过来，他手里拿着陀螺和飞轮，这都是他自己做的。哥哥把陀螺放在地上，用几个手指捏住，然后一拐，只见那个陀螺飞快地旋转起来，甚至转到了马余刚的那些大大小小的泥巴块旁边。

父亲说："这也是物理现象。看来你们兄弟俩都肯动脑筋，对物理有兴趣，那以后再多多学习，多多研究吧！"

马余刚移开了泥巴块。

他又找来许多小石块，同样让它们相互碰撞，想从中再发现点什么。

就这样，泥巴块、小石块在屋前越积越多。

马余刚还是喜欢打泥仗，小伙伴们还是认他这个"司令"。

田野里，山坡上，马余刚带着小伙伴们冲冲杀杀，好不快活。

日落月起。

月降日升。

马余刚还是喜欢在打完泥仗后，研究那些个泥巴块，观察它们的一次次碰撞。

他越加入迷了。

在那些碰撞实验中，马余刚读完了村里的小学、乡里的初中、镇上的高中，然后，考上了杭州大学（现为浙江大学），报的就是让他心心念念的物理系。

无独有偶，他的哥哥在大学里念的也是物理专业。

（五）

其实，除了喜欢打泥仗，马余刚也喜欢看书。

打泥仗的马余刚风风火火，看书的马余刚安安静静。

马余刚特别喜欢看各种历史演义小说。

原来，马余刚的爷爷也是个爱书的读书人，家里曾经养着马，老屋里还藏有许多线装书。

那些线装书可是宝贝疙瘩，所以，大人们不让小孩子去碰。

可这反倒激发了马余刚的好奇心和阅读兴趣。

趁着大人不备，马余刚溜进老屋，他踮着脚，看向书柜。

他看到了《三国演义》《封神演义》《隋唐演义》《说岳全传》《东周列国志》……

依着书名，马余刚在图书馆里一一借到了这些书，虽说不是线装，缺了一些古朴韵味，但书里铁马金戈的恢宏场面、气吞山河的英雄形象、沧海桑田的岁月追思，一样让他读得欲罢不能。

说起来，《三国演义》里也有打泥仗的故事。

那时，曹操的大军南下，刘备兵少将乏，无法与曹军正面抗衡。诸葛亮为了应对曹操的大军，想出了一招妙计。他命令士兵收集草籽，将草籽掺进土里捏成泥巴，做成泥丸子，然后在夜色掩护下，用弹弓将这些泥丸子射到曹军博望坡的柘刺林中。曹军看到这些泥丸子后，不明所以，以为刘备穷途末路，因而嘲笑不已。这些泥丸子让曹军放松了警惕，然且，不久之后，那些草籽长成厚厚的荒草，见火就燃，诸葛亮趁机发射"火箭"，火乘风势，风助火威，眨眼工夫，柘刺林熊熊燃烧，曹军顿时慌了手脚，仓皇而逃，刘备就此打了个胜仗，凯旋而归。

这个故事不由让人想到一些人生智慧：有时候，我们会遭遇困境，这时需要的是勇气，是不屈不挠的意志，是坚韧不拔，决不轻言放弃。少年马余刚就是在这样的阅读中，塑造着自己的心灵和精神。

马余刚还读过两套书，一套是《十万个为什么》，一套是《中国历代通俗演义》。

一是科学，一是文学。

很多年后，作为核物理学家的马余刚这样说道："科学也是一种美。文学能够丰富和提高人的想象力和审美情趣，对认识、发现科学之美极有帮助。原子核间碰撞所产生的集体流现象，与人们心灵沟通时产生的共情共鸣有着相似之处，这不就是一种科学之美吗？"

进入大学后，马余刚对于物理的兴趣愈加浓厚了，现在，他可以自己来阐释小时候脑子里的那么多问题了。

就比如那个泥巴块吧，为什么捏得越紧在碰撞中越不容易碎裂？这与物体的结合能有关，也与碰撞物体的初始速度与能量沉积有关，而碰撞的反弹又与物质之间的作用力和反作用力相关……在之后的学术生涯中，马余刚从事原子核碰撞的相关研究，与微观的物质的结合能、激发能、弹性与非弹性散射、多重碎裂和物质相变等打交道，进一步追寻物质的微观组成、结构与相变。

马余刚的身边一直带着一本书，那是他在大学时的教材，是中国科学院院士、核物理学家杨福家编写的《原子物理学》，这是一本写得既专业又好读的教科书，包括原子的位形：卢瑟福模型；原子的量子态：玻尔模型；量子力学导论；原子的精细结构：电子的自旋；多电子原子：泡利原理；X射线；原子核物理概论；超精细相互作用等八章内容。书中所呈现的奇妙的微观世界和精辟的科学思想让马余刚深深着迷。

正是这本书，引领马余刚走进了核物理学的殿堂。

（六）

马余刚大学毕业后，免试保送至中国科学院近代物理研究所攻读硕士。

近代物理研究所在兰州城内，原本马余刚要在这座西北内陆城市待上至少三年，但因导师的工作调动与自身的出色学业，他两年后便到中国科学院上海原子核研究所（现为中国科学院上海应用物理研究所）攻读博士了。

上海原子核研究所位于上海嘉定，那里绿荫葱郁，天蓝云白，曲径通幽，连吹过的风都显得那么静谧。三年里，每个工作日，马余刚总是那里最晚一个离开实验室的人。在他获得博士学位后，由于在"中能核反应机制""核物质的集体流、集体转动、多重碎裂""放射性核反应动力学""中能重离子碰撞过程中的液气相变临界现象"等核物理前沿领域中取得了一系列富有创造性和领先性的学术成果，经中国科学院特批，博士毕业当年，他就被破格晋升为研究员，成为当时我国最年轻的教授级科学家。

那一年，马余刚才 26 岁。

说起马余刚的研究成果，离不开"碰撞""碎裂""放射"等词语。马余刚说，他脑子里总是记得小时候打泥仗的场景和那些泥巴块。为了做实验，他经常和衣睡在实验室里，有时，恍惚间，泥巴块与泥巴块之间的碰撞，扔过来扔过去时在空中划出的不同的弧线，会莫名地在他眼前闪现。"现在想想，幸亏当初父母没有禁止我打泥仗，否则如今就没有我这个专门研究原子核碰撞现象的科学家了。"

1994 年岁末，在北京举行的中国科技论文统计结果发布会上，有这样有趣的一幕——

主持人宣布："马余刚获得 1993 年度 SCI 学术榜论文发表数全国个人排位第八名！"

精神饱满的马余刚跃上主席台领奖。

观众席上传来一阵惊叹声："这么年轻啊！"

不一会儿，主持人又宣布："马余强获得 1993 年度 SCI 学术榜论文发表数全国个人排位第十名！"

另一位小伙子也疾步上台。

底下的观众更是议论纷纷："名字那么相近，难道这两人是一家的？"

这时，主持人满面笑容地高声介绍说："马余刚和马余强是一对亲兄弟！让我们向兄弟俩表示衷心的祝贺！"

顿时，掌声响彻会议大厅。

"太神奇了!"

"这太不容易了!"

第二年,马余刚去法国下诺曼底冈城大学(现为法国卡昂大学)的粒子物理与核物理实验室做访问学者,他的哥哥则在巴西一所大学做访问学者。

马余刚的哥哥是在南京大学攻读博士的,毕业后留校,也曾被破格晋升为南京大学最年轻的教授,他同样是中国科学院院士、物理学家,在活性物质的非平衡统计物理、纳米材料与生物界面作用、软物质可控组装的机理方面所取得的系统性、原创性成果令人瞩目。

有一天,兄弟俩共同回忆起在大学求学期间,每当放寒暑假回家后,总是一起研讨物理问题的情景。虽说是亲兄弟,但两人在科学问题上有时会发生激烈的争论,互不相让,争得面红耳赤,几天几夜之后才会歇战。

就在他们聊天的当口,在余姚老家的门前,依然堆着马余刚当年捡拾的泥巴块,依然搁着他哥哥当年手工制作的陀螺、飞轮……

(七)

2017年11月,马余刚当选为中国科学院院士。

在这之前,马余刚已领导RHIC-STAR国际合作组的中国高能核物理研究团队研制完成了基于MRPC型的大型飞行时间谱仪,极大提升了STAR探测器的粒子鉴别能力;与合作者发现了首个反物质超核——反超氚核,发现了当时最重的反物质原子核——反氦4,首次实现了对反物质相互作用的测量。这些成果两次入选年度"中国科学十大进展",这对理解宇宙早期的物质形态和物质组成具有重要意义。同时,他对原子核的液气相变和金一金碰撞的双电子产生的研究做出了先驱性贡献。

马余刚从不停歇,一步一步地向着科学的高峰攀登。

2024年11月,他又与课题组和国际合作者首次基于高能重离子碰撞方法成像原子核结构并取得重要突破。这项研究成果发布在世界顶级科学杂志《自然》主刊上。

好消息不断传来,堪称"科学界奥斯卡奖"的"科学突破奖"刚刚公布,其中2025年度"基础物理学突破奖"授予代表欧洲核子研究中心(CERN)大型强子对撞机(LHC)的四个实验组 ALICE、ATLAS、CMS 和 LHCb,而马余刚领导的 ALICE 复旦课题组,包括他本人,又一次因为他们从事国际上最高能量的原子核—原子核"碰撞"而入选了这次"科学突破奖"的获奖者名单。

再次看到"碰撞"这个词,让人很容易再一次想起少年马余刚率领小伙伴们打泥仗时刺激而快乐的场景——那时候,马余刚在扔出泥巴块时曾一次次想到过"碰撞"。

当"孩子王"马余刚喊着"冲啊"并和小伙伴们在田垄边、山坡上打泥仗时,这个身体强壮的小男孩内心里一定是点燃着豪迈的英雄气概的,这使他敢于勇往直前,敢于迎难而上。

马余刚在一次毕业典礼上,诚挚地鼓励莘莘学子:"一是坚定信念,做自己心中的'超级英雄'。二是追求卓越,成功就会在不经意间追上你。三是强健体魄,保持乐观向上的心态和精神。"

离开马余刚的办公室时,他从一面书墙上挑了本书送我,这是他与他人共同编著的《原子核物理新进展》。

马余刚在该书前言中很幽默地写道,这本书深入浅出地介绍了核物理基础前沿领域的重要成果,使读者在阅读后,"不至于对类似 CERN 报道的'LHC 会诱发微小黑洞进而吞没地球'产生恐慌"。

真是让人会心一笑。

下行的电梯门一打开,毫无恐慌地走出一号交叉学科楼。

穿过停满自行车的走道,在绿地边捡起一块泥巴,像顽童一般甩开手臂,朝空旷的远处扔去。眯起眼睛,你能看到泥巴块在飞行中碎裂,有几块会互相碰撞,但终究所有的碎粒如同放射线那样四散,在冬日的淡阳中开出一朵灿烂的礼花,就像马余刚在做核液气相变实验时,在那么小的核物质里面看到的让他激动不已的美丽图像。

图书在版编目（CIP）数据

心可以比宇宙更大 / 张锦江主编. -- 上海 ：上海
教育出版社，2025. 8. --（院士少年成长书系）.
ISBN 978-7-5720-3792-4

Ⅰ. K826.1-49

中国国家版本馆CIP数据核字第20257N8R39号

责任编辑　管　倚
美术编辑　王　慧
封面装帧　杭州出于蓝品牌咨询有限公司
插　　图　亭　子

XIN KEYI BI YUZHOU GENG DA
心可以比宇宙更大
张锦江　主编

出版发行　上海教育出版社有限公司
官　　网　www.seph.com.cn
地　　址　上海市闵行区号景路159弄C座
邮　　编　201101
印　　刷　上海盛通时代印刷有限公司
开　　本　889×1194　1/20　印张8　插页5
字　　数　110 千字
版　　次　2025年8月第1版
印　　次　2025年8月第1次印刷
书　　号　ISBN 978-7-5720-3792-4/G·3372
定　　价　55.00 元

如发现质量问题，读者可向本社调换　电话：021-64373213